Vorwort

Was hat die Gürtelrose mit den Windpocken zu tun? Stecke ich mich mit HIV an, wenn ich einen Infizierten umarme? Können Masern tödlich sein? Ist die Grippe-Impfung ratsam? Heilt eine Hepatitis B von selbst aus? Warum sind Noroviren ansteckender als Salmonellen? Für wen ist MRSA gefährlich? Fragen, die nach thematischer Auseinandersetzung mit den vorgestellten Infektionskrankheiten leicht beantwortet werden können: Informiert wird über den Gesamtablauf, angefangen beim Krankheitserreger bis hin zur Prognose der durchgemachten Infektion. Schwerpunkte des Bandes bilden Übertragungsweg und Infektiosität (mit der sich daraus ableitenden Primärprävention) sowie die Unterscheidung häufiger von seltenen Verläufen, therapeutische Möglichkeiten und das Wissen um mögliche Komplikationen. Neben Abbildungen und detaillierten Tabellen sorgen insbesondere Flussdiagramme für Übersicht und veranschaulichen das komplexe Geschehen.

Das Arbeitsheft eignet sich
- dazu, ein neues Thema zu erarbeiten - am besten unterstützt durch ein Lehrbuch oder ergänzende Unterrichtsmaterialien,
- zur Überprüfung des Wissens am Ende einer Lerneinheit oder
- zur Wiederholung vor Tests, Klausuren oder mündlichen Prüfungen.

Die Inhalte sind äußerst sorgfältig recherchiert und orientieren sich am aktuellen Erkenntnisstand (2009) sowie offiziellen Empfehlungen. Die Materialien mögen zum Austausch mit anderen und zum kritischen Hinterfragen anregen. Wechselseitiges Vorlesen im Rahmen des Unterrichts bietet den Vorteil, dass die korrekte Aussprache von Fachbegriffen trainiert wird.

Wegen seiner Praxisnähe ist das Buch besonders relevant für Auszubildende von Pflegeberufen und angehende medizinische Fachangestellte. Die Texte sind verständlich formuliert, zugleich präzise und auf das Wesentliche konzentriert.

Wir wünschen jede Menge „Aha-Erlebnisse" und viel Erfolg mit diesem Arbeitsbuch! Für Anregungen sind wir immer dankbar.

Autorin und Verlag

Unser „Bonbon" für Lehrkräfte:

Die Lösungen sind ausführlicher gehalten, als es sonst in Lösungsheften üblich ist. Einerseits sind alternative Antwortmöglichkeiten als Fußnoten mit angegeben, um der Tatsache Rechnung zu tragen, dass Synonyme existieren oder unterschiedliche Antworten gleichermaßen gültig sind. Insbesondere bei den freien Aufgaben finden sich detaillierte Hintergrund- und Zusatzinformationen, welche zur Vertiefung der Thematik und insbesondere für Diskussionen hilfreich sind - mehr einem Lehrerband als einem Lösungsheft entsprechend.
Von den Auszubildenden sind umfassende Antworten dieser Art selbstverständlich nicht zu erwarten. Daher wurden **Stichwörter, die bei Beantwortung der Frage möglichst fallen sollten, halbfett hervorgehoben**. Entsprechend sind in der Schülerausgabe nur wenige, große Zeilen zur Beantwortung vorgesehen.

Masern

Vervollständigen Sie den Text:

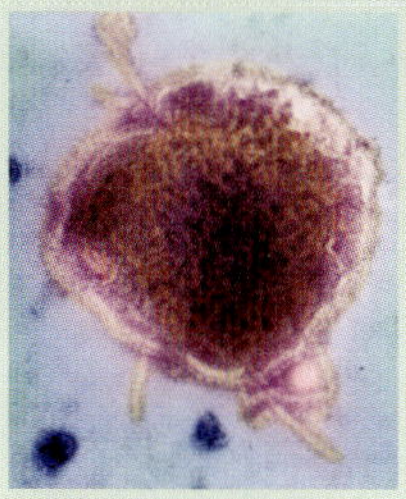

Abb. 1:
Masernvirus

Die Masernerkrankung wird durch Morbilli viren (Abb. 1) hervorgerufen, welche vorrangig in Form von Tröpfchen[1] (z.B. beim Husten, Niesen oder Sprechen) übertragen werden; auch über direkten oder indirekten Kontakt ist eine Verbreitung möglich. Da die Erreger äußerst kontagiös[2] sind, werden sie meist früh im Leben erworben und zählen zu den Kinder krankheiten. Jugendliche und Erwachsene einerseits und Säuglinge andererseits können jedoch ebenso an Masern erkranken.

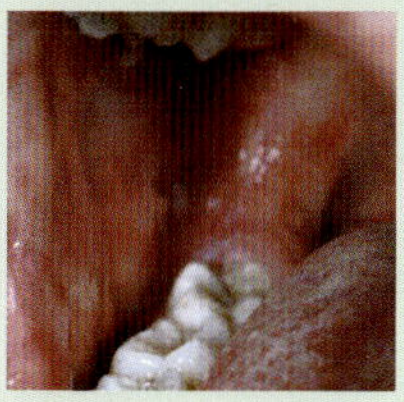

Abb. 2:
Koplik-Flecken auf Wangenschleimhaut

Hat die Infektion stattgefunden, manifestiert sich nach einer Inkubationszeit von etwa zehn Tagen nahezu immer die klassische Masernerkrankung: Das Vor[3] stadium ist gekennzeichnet durch hohes Fieber, Schnupfen, Halsschmerzen, Husten und eine Konjunktivitis[4], welche die Augen rot verschwollen aussehen lässt und oft mit Licht scheu[5] verbunden ist. Am Ende dieser Phase können kalkspritzerartige, sogenannte „Koplik"-Flecken auf der geröteten Wangenschleimhaut erscheinen, welche für die Erkrankung pathognomonisch[6] sind (s. Abb. 2).

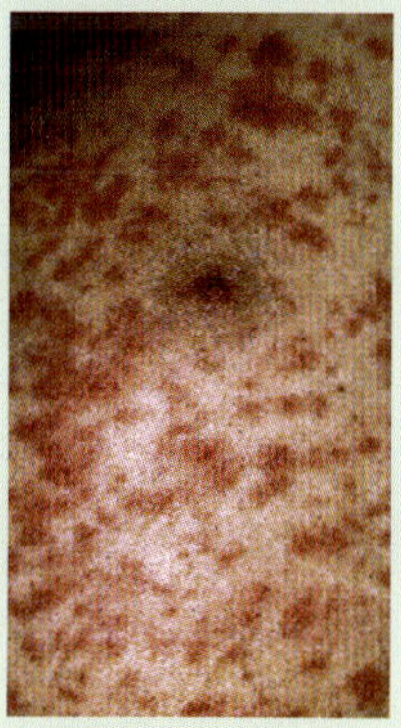

Abb. 3:
Fleckigknotiges („makulopapulöses")
Masernexanthem

Kurzzeitig fällt das Fieber ab, den Betroffenen geht es besser. Plötzlich steigt die Temperatur erneut auf hohe Werte an, während zugleich der charakteristische Hautausschlag aufblüht (Abb. 3): Er beginnt hinter den Ohren und im Gesicht und breitet sich über den Rumpf auf die Extremitäten aus: Rote Flecken, die anfangs noch klein- bis mittelgroß sind, fließen teilweise zu größeren Flecken zusammen. Sie verändern sich knötchenartig, dunkel rot bis bräunlich und weisen mitunter Einblutungen auf. Auf der Gaumen- und Rachenschleimhaut kann sich der Ausschlag als En anthem zeigen. Meist sind die Lymphknoten am ganzen Körper erkennbar geschwollen, der Allgemeinzustand deutlich reduziert[7]. Nach wenigen Tagen verblasst der Ausschlag in gleicher Reihenfolge und das Fieber sinkt. Am Ende schuppt sich die Haut.

Je fünf Tage vor bis fünf Tage nach Ausbruch des Exanthems[8] gelten die Masern als ansteckend, d.h. von Beginn der ersten Symptome an bis zum Verschwinden des Ausschlags.
Als unspezifische Begleiterscheinungen, wie sie bei vielen Infektionskrankheiten vorkommen, sind Fieberkrämpfe (bei Kleinkindern), Durchfall und selten auch Blutungen zu nennen. In 10–25 % der Fälle

1 Aerosolen
2 ansteckend, infektiös
3 Prodromal-, Initial-
4 Konjunktivitis
5 -empfindlichkeit
6 krankheitskennzeichnend, eindeutig
7 herabgesetzt, verschlechtert, vermindert
8 Hautausschlags

treten schwerere Komplikationen ein: Die Masernviren selbst verursachen hier entweder eine Entzündung oder sie bereiten z.B. Bakterien den Weg, da sie das Immunsystem über Wochen hinweg sehr schwächen. Selbst bei Auftreten von Komplikationen ist die Prognose noch überwiegend gut. Selten verbleiben Restschäden: So kann eine Hornhautentzündung (= Keratitis) schlimmstenfalls zur Erblindung führen, aus einer Mittelohrentzündung (= Otitis media) kann Schwerhörigkeit entstehen. Eine Kehlkopf- und Luftröhrenentzündung (beim „Masern krupp") löst möglicherweise schwere Erstickungsanfälle aus. Eine Lungen entzündung (= Pneumonie) ist die Hauptursache für tödliche Verläufe.

Die sehr seltene Hirn entzündung (= Enzephalitis) ist in mehrfacher Hinsicht gefürchtet: In schweren Fällen verstirbt ein Betroffener akut, bei etwa jedem Fünften bleibt ein geistiges Defizit zurück. Darüberhinaus sind Masernviren, die im Körper verbleiben, in seltenen Fällen viele Jahre später in der Lage, das Gehirn regelrecht „auszuhöhlen": Diese sub akute sklerosierende Pan encephalopathie (SSPE) endet immer [1] tödlich.

Eine Masernerkrankung kann nur rein symptomatisch behandelt werden. Empfohlen wird allgemein Bett ruhe (wegen der Lichtempfindlichkeit möglichst in einem abgedunkelten Raum) und ausreichend Flüssigkeits zufuhr. Die medikamentöse Fiebersenkung ist umstritten, da manche dem Fieber gerade bei Masern eine besondere, den Gesamtverlauf günstig beeinflussende Bedeutung beimessen.

In den allermeisten Fällen heilen die Masern vollständig [2] aus, vor allem bei immunkompetenten Kindern in gutem Ernährungs- und Allgemeinzustand. Hingegen geht die Erkrankung bei Immungeschwächten, Mangel [3] ernährten (v.a. bei Menschen mit Vitamin A-Mangel!) sowie bei Säuglingen, Jugendlichen und Erwachsenen eher mit Komplikationen [4] und einer erhöhten Sterblichkeit einher.

Nach durchgemachter Infektion besteht eine lebenslange Immunität. Diese kann ebenso durch aktive Immunisierung erreicht werden. Die Übertragung oder Gabe von Immunglobulinen bietet einen vorübergehenden Schutz.

Meldepflicht ?			an Gesundheitsamt	X	mit Namen	X	an Robert-Koch-Institut		anonym	
durch Arzt [5]	stets bei Erkrankung	X	auch bei Verdacht	X	auch bei Tod	X	nur bei Häufung		nur im Sonderfall	
durch Labor	bei Erregernachweis	X								

1 stets, ausnahmslos
2 komplikationslos, folgenlos
3 Fehl-, Unter-
4 Folgeerkrankungen
5 Arzt oder staatlich anerkannter Heil- oder Pflegeberuf, Heilpraktiker, Leiter von Pflegeeinrichtungen (vgl. S. 65)

Masern – mögliche Verläufe

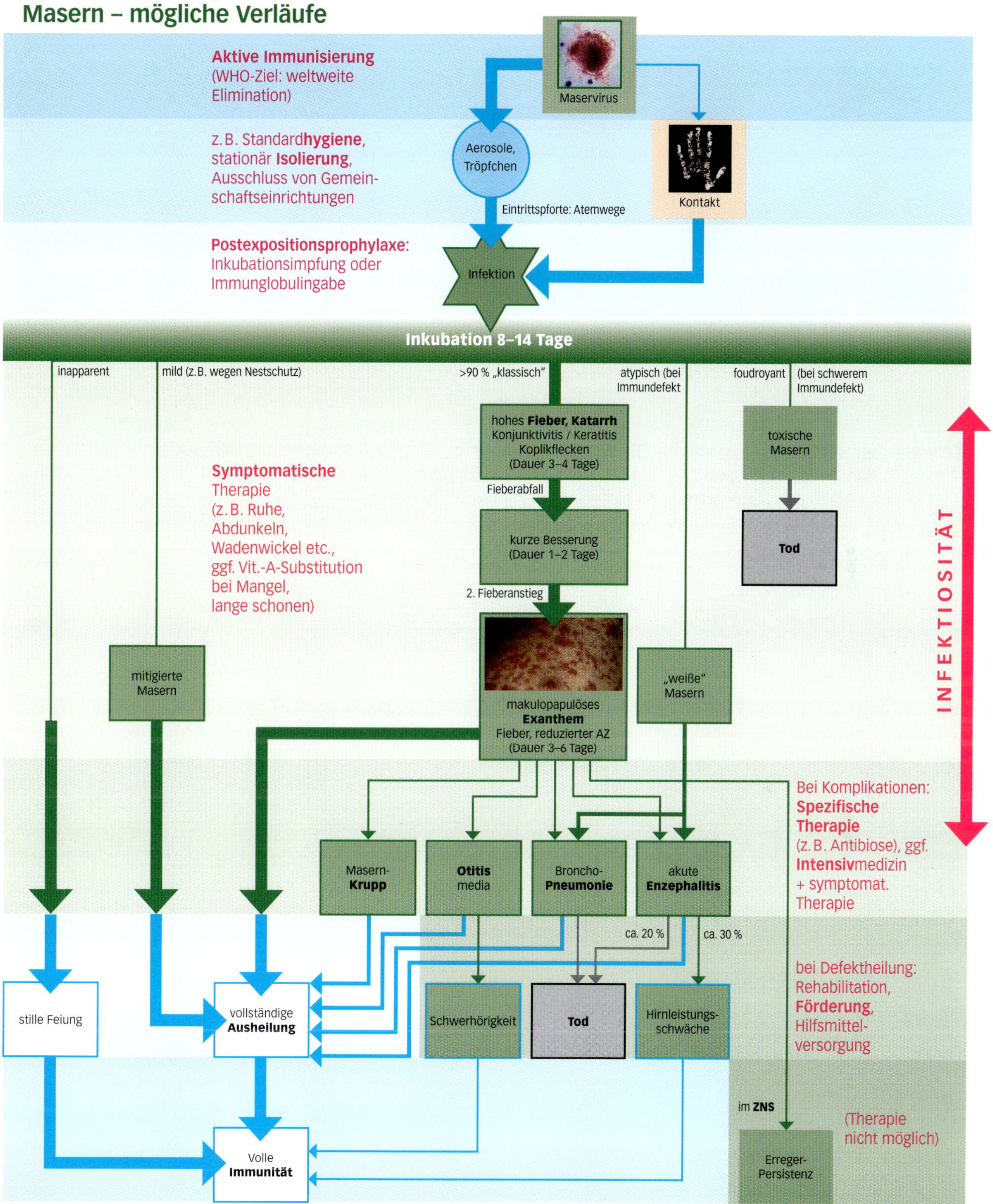

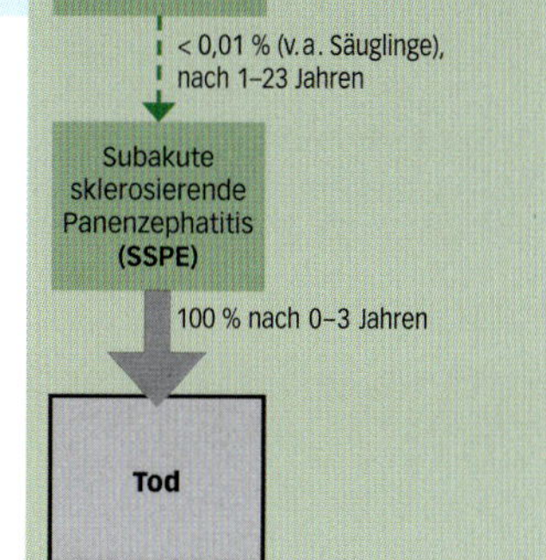

Aufgaben:

- **Hauptverlauf:** Folgen Sie dem häufigsten Verlauf. *via Tröpfchen → (klassische) Masernerkrankung → vollständige Ausheilung → Immunität*
- **Infektiosität:** Markieren Sie, in welcher Zeit ein Infizierter ansteckend ist. *5 Tage vor bis 5 Tage nach Exanthemausbruch*
- **Maßnahmen:** Notieren Sie im Diagramm Schritt für Schritt in Stichworten, wie sich die Infektion verhindern oder ein Mensch behandeln lässt.

Infektion mit Masernviren

1 Benennen Sie mind. zwei Besonderheiten der Masern im Vergleich zu anderen Infektionskrankheiten.

I. **Koplik-Flecken** im Vorstadium
II. **Makulopapulöses Exanthem** im Hauptstadium
III. **Subakute, sklerosierende Panenzephalitis** (SSPE) als Langzeitfolge
(I.–III.: pathognomonisch)
IV. **Zweigipflige Fieberkurve** innerhalb weniger Tage
V. **Mehrwöchige Immunschwäche** mit erhöhter Infektanfälligkeit

2 Erläutern Sie, warum die Masernerkrankung zu den Kinderkrankheiten zählt.

Die Viren sind **hoch kontagiös** und werden daher **oft früh in der Kindheit erworben**, relativ bald nach Nachlassen des Nestschutzes. Ein- bis neunjährige Kinder scheinen den Masern gegenüber am besten gewappnet zu sein.

3 Tendenziell erkranken Jugendliche / Erwachsene einerseits, Säuglinge andererseits häufiger als früher an den Masern, Kinder im Alter zwischen ein bis neun Jahren hingegen verhältnismäßig weniger.
a) Können Sie sich vorstellen, wie diese Entwicklung begründet wird?

Mehr **Jugendliche / Erwachsene**: Aufgrund der Impfung sind weniger (Wild-)Viren im Umlauf, zudem haben **veränderte soziale Verhältnisse** (Kleinfamilien, kleinere Kinderbetreuungsgruppen etc.) zur Folge, dass Viren nicht mehr so selbstverständlich in der Kindheit erworben werden wie früher. Solange aber noch ausreichend viele Personen infizierbar sind, zirkulieren die Viren weiter.

Mehr Säuglinge: Bei Müttern kann wegen fehlender natürlicher Infektion / Auffrischung bzw. wegen Impfung ein relativer Antikörpermangel entstehen (Impftiter niedriger als nach natürlicher Infektion), sodass sie selbst geschützt sind, aber zu wenig Antikörper auf ihr Kind übertragen. Die Folge kann ein **nachlassender / fehlender Nestschutz** sein.

b) Warum stellt diese Entwicklung ein Problem dar?

Der Verlauf ist in diesen Altersgruppen oft **komplikationsreicher** und geht mit einer **erhöhten Sterblichkeit** einher. Speziell bei Säuglingen entwickelt sich überproportional häufig eine SSPE.

Kind ist nicht geimpft:

Kein Grund für Schulverbot

Hannover – Lehnen Eltern eine Masernimpfung ihres Kindes ab, darf dem Schüler der Schulbesuch nicht verweigert werden.

Das hat das Verwaltungsgericht Hannover (Az.: 7 A 3697/07) entschieden.

Die fehlende Impfung sei kein rechtmäßiger Grund, den Schüler vom Unterricht auszuschließen. In dem Fall hatte eine Mutter gegen die Gesundheitsbehörde der Region Hannover geklagt, die den Schulbesuch untersagt hatte, erläutert die «Ärzte-Zeitung» unter Berufung auf das Urteil. Wegen 13 Masern-Fällen, unter anderem an der Schule, die das Kind besuchte, hatte die Behörde demnach allen ungeimpften Schülern die Impfung angeboten. Wer diese nicht wollte, durfte nicht in die Schule. Die Behörde berief sich dabei auf das Infektionsschutzgesetz. Die Mutter des Schülers begründete die Impfweigerung mit den Allergien ihres Kindes. Durch die Impfung hätten Nebenwirkungen auftreten können. Das Gericht befand, die Weigerung reiche nicht aus, um den Schulbesuch zu verbieten. Außerdem habe kein hinreichender Verdacht bestanden, dass der Schüler tatsächlich Masern haben könnte.

4 Im vorliegenden Fall wurden für Masern empfängliche Personen, die sich nicht impfen lassen wollten, für mehrere Tage von Gemeinschaftseinrichtungen ausgeschlossen, um eine weitere Erkrankungswelle und Verbreitung der Masern zu verhindern. Ein Schüler klagte gegen das ihm auferlegte viertägige Schulverbot (s. Abb.) und erhielt Recht.
Zur Diskussion: Wie denken Sie darüber?

Individuelle Lösung, z.B.:

- „Die Weiterverbreitung der Viren muss um jeden Preis verhindert werden, da **Masern - wenn auch selten - schwerwiegende Folgen** haben können. Das Vorgehen der Schule ist gerechtfertigt und ich halte ein paar Tage **Schulverzicht für zumutbar.**"
- „Eine Impfpflicht stellt einen **Eingriff des Staates in die Persönlichkeitsrechte** dar. Hier liegt ein indirekter Zwang vor, da der Schulbesuch bei Nichtbefolgen der Anweisung verweigert wurde."
- „Impfungen sind nicht immer die bessere Wahl, z.B. gab es nach Impfungen in den 60er-Jahren mit einem bestimmten Masernimpfstoff schwere Masernverläufe - bei zuvor Gesunden ist also nicht auszuschließen, dass **mehr Schaden als Nutzen** angerichtet wird. Das widerspricht dem medizinischen Grundsatz: >>Zuerst einmal nicht schaden<<."

5 Insbesondere in **Entwicklungsländern** sind die Masern gefürchtet, führen nicht selten zur Erblindung und stellen eine der häufigsten Todesursachen für Kindersterblichkeit dar. Die Letalität wird hier auf bis zu 25 % geschätzt (Letalität in Deutschland im Vergleich: 0,005–0,01 %). Nennen Sie vier mögliche Risikofaktoren.

I. **Mangel- bis Unterernährung:** V. a. Vitamin-A-Mangel ermöglicht einen eher schweren bis tödlichen Masernverlauf, ist gehäuft mit Erblindungen vergesellschaftet.
II. **Mangel an ausreichendem, sauberem Trinkwasser**
III. **Grunderkrankungen** und weitere mögliche (Infektions-)Krankheiten
IV. **Politisch instabile Verhältnisse** (verhindern das Auskurieren der Infektion mit der notwendigen Ruhe, Versorgungsengpass etc.)

Quiz

Markieren Sie die richtige Antwort.

1. An Masern **erkranken** überwiegend ...

A: Neugeborene	B: Kindergartenkinder
C: Jugendliche	D: hochbetagte Menschen

2. Masern gelten als **ansteckend** ...

A: 5 Tage vor Beginn des Hautausschlags bis zu dessen Ende	B: nur während des Hautausschlags
C: solange die Flecken noch voneinander abgrenzbar sind	D: bis zum Ende des Prodromalstadiums

3. Masern **verlaufen** ...

A: immer harmlos	B: in 10–25 % der Fälle mit Komplikationen
C: bei Erwachsenen leichter als bei Kleinkindern	D: größtenteils inapparent

4. *Nicht* vereinbar mit dem ***Prodromal*****stadium** bei Masern ist ...

A: das hohe Fieber	B: der Schnupfen
C: der (schmerzhafte) Husten	D: der makulopapulöse Hautausschlag

5. Der charakteristische **Hautausschlag** bei Masern **beginnt** typischerweise ...

A: an den Fingerspitzen	B: hinter den Ohren
C: um den Bauchnabel herum	D: unter den Fußsohlen

6. Eine **Komplikation** der Masern-Erkrankung ist *nicht* die ...

A: Enzephalitis	B: Otitis media
C: Pneumonie	D: Orchitis

7. Das Masern**exanthem** besteht aus ...

A: roten Flecken, die zum Zusammenfließen neigen	B: einzelstehenden, hellroten Punkten
C: flüssigkeitsgefüllten Bläschen	D: Quaddeln

8. Typischerweise gilt für die **Masernerkrankung** …

A: Das Exanthem tritt bei erneutem Fieberanstieg auf	B: Der Hautausschlag ist auf ein Dermatom begrenzt
C: Das Fieber ist mäßig hoch	D: Der Fieberverlauf ist eingipflig

9. Zur Symptomatik des **Vorstadiums** bei Masern zählt *nicht* der Ausdruck …

A: „verrotzt"	B: „verheult"
C: „verschwollen"	D: „vergeigt"

10. Eine gefürchtete, äußerst seltene, aber *immer* tödliche **Langzeitfolge** der Masernerkrankung ist …

A: die eitrige Otitis media	B: die durch bakterielle Superinfektion entstandene Pneumonie
C: die blutige Diarrhö	D: die subakute sklerosierende Panenzephalopathie

11. Ausdruck der **Konjunktivitis** im Rahmen der Masernerkrankung ist *nicht* …

A: Lichtscheu	B: verschwollenes Auge
C: Fieber	D: Kopfschmerz beim Fernsehen

12. Die **häufigste** Ursache für einen **tödlichen Verlauf** bei Masern ist die …

A: Lungenentzündung	B: Mittelohrentzündung
C: Kehlkopfentzündung	D: Hirnentzündung

13. **Masern** sind …

A: in Deutschland vollständig ausgerottet	B: allein in Afrika und Asien verbreitet
C: in Nordamerika stark verbreitet	D: weltweit verbreitet

14. Die Masernimpfung ist allein **indiziert** bei …

A: Menschen mit (schwerer) Allergie gegen Hühnereiweiß	B: Schwangeren
C: Menschen mit Abwehrschwäche	D: gesunden Kindern

15. **Fieberkrämpfe** …

A: haben eine infauste Prognose	B: treten v.a. während des rasanten Fieberanstiegs auf
C: sind immer Vorläufer einer späteren Epilepsie	D: sind typisch für die Phase des Fieberabfalls

16. *Nicht* vereinbar mit der (Masern-) **Enzephalitis** ist …

A: Benommenheit bis Koma	B: ein Krampfanfall
C: Übelkeit / Erbrechen	D: Obstipation

17. Bezüglich der **Meldepflicht** bei Masern gilt …

A: Sie sind generell nie meldepflichtig	B: Sie sind zumindest nicht bei Verdacht meldepflichtig
C: Sie sind namentlich meldepflichtig	D: Sie sind allein bei Virusnachweis meldepflichtig

Windpocken & Gürtelrose

Vervollständigen Sie den Text:

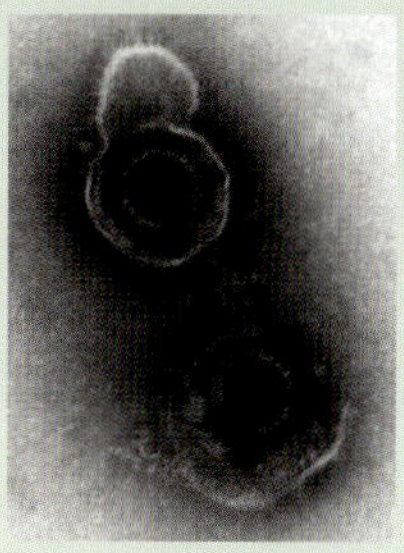

Abb. 1: **Ein Spiegelei? Nein, der Auslöser der „chicken-pox", das Varizella-Zoster-Virus**

1. Windpocken:

Die Windpocken werden durch Viren der Herpesfamilie, genauer die Varizella -Zoster-Viren (Abb. 1), hervorgerufen. Da die Viren hoch ansteckend sind und sich mittels kleinster Tröpfchen leicht verbreiten („fliegende Infektion" – die Übertragung geschieht selbst über einige Meter Entfernung und über Etagen hinweg), werden sie meist in früher Kindheit erworben.

Die Inkubationszeit beträgt eineinhalb bis vier Wochen . Einleitend können Müdigkeit, Appetitlosigkeit, Kopfschmerz und Fieber auftreten, bevor sich am ganzen Körper ein Hautausschlag (= Ex anthem) ausbildet: einzelstehende, kleine rote Flecken (= Roseolen), die sich in Knötchen (= Papeln) und dann in flüssigkeitsgefüllte, linsengroße Bläschen (= Vesikel) mit rotem Hof verwandeln (Abb. 2). Innerhalb von maximal zwei Tagen platzen die Bläschen auf, trocknen ein und heilen unter Krusten bildung ab. Da schubweise neue Bläschen entstehen (bis zu 400!), existieren verschiedene Stadien nebeneinander – das hat den Begriff „Sternen himmel" geprägt. Das Exanthem beginnt oft auf der behaarten Kopfhaut und ist am Rumpf besonders dicht. An der Mund[1] schleimhaut zeigt sich der Ausschlag als En anthem.

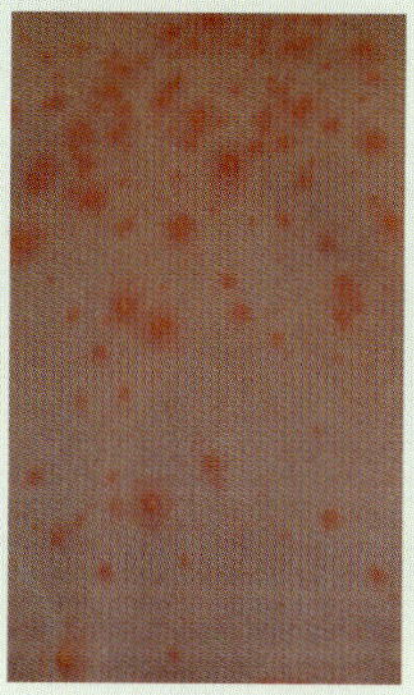

Abb. 2: **Windpocken-exanthem**

Kinder sind in ihrem Allgemeinzustand nicht sonderlich beeinträchtigt. Allerdings juckt der Ausschlag sehr und heftiges Kratzen oder eine bakterielle Superinfektion der Haut kann Narben hinterlassen. Daher ist eine symptomatische Therapie mit Kühlung, Juckreiz stillenden[2] Präparaten und mit Antiseptika sinnvoll.
Bei neurodermitiskranken Kindern oder bei Erwachsenen verlaufen die Windpocken meist schwerer, doch bleiben problematische Komplikationen wie Lungen- oder Hirn entzündungen eine Rarität. Für Risikogruppen aber (z.B. Neu geborene und immungeschwächte Menschen) kann die Infektion lebens bedrohlich[3] werden! In diesen Fällen werden frühzeitig Viru statika und Immunglobuline eingesetzt.

Infektiosität besteht bereits ein bis vier Tage vor Beginn des Ausschlags (via Atemwege) bis zur Verkrustung des letzten Bläschens. Man kann auch infiziert sein, ohne erkennbar an Windpocken zu erkranken: Die Infektion verläuft dann inapparent[4] .

Die Windpocken macht man nur ein mal durch. Allerdings können die Varizellen, wie alle Herpes viren, nach Erstinfektion ein Leben lang in aktiv im Körper verbleiben.

[1] Nasen-, Vaginal-
[2] lindernden, mildernden
[3] -gefährlich
[4] symptomlos, stumm, subklinisch

Varizellen – mögliche Verläufe

Nicht dargestellt sind (schwere) Verläufe
- bei Feten (nach Infektion im 1. + 2. Trimenon)
- bei Neugeborenen (nach mütterlichen Windpocken 5 Tage vor bis 2 Tage nach Entbindung)
- bei Menschen mit schwerem Immundefekt

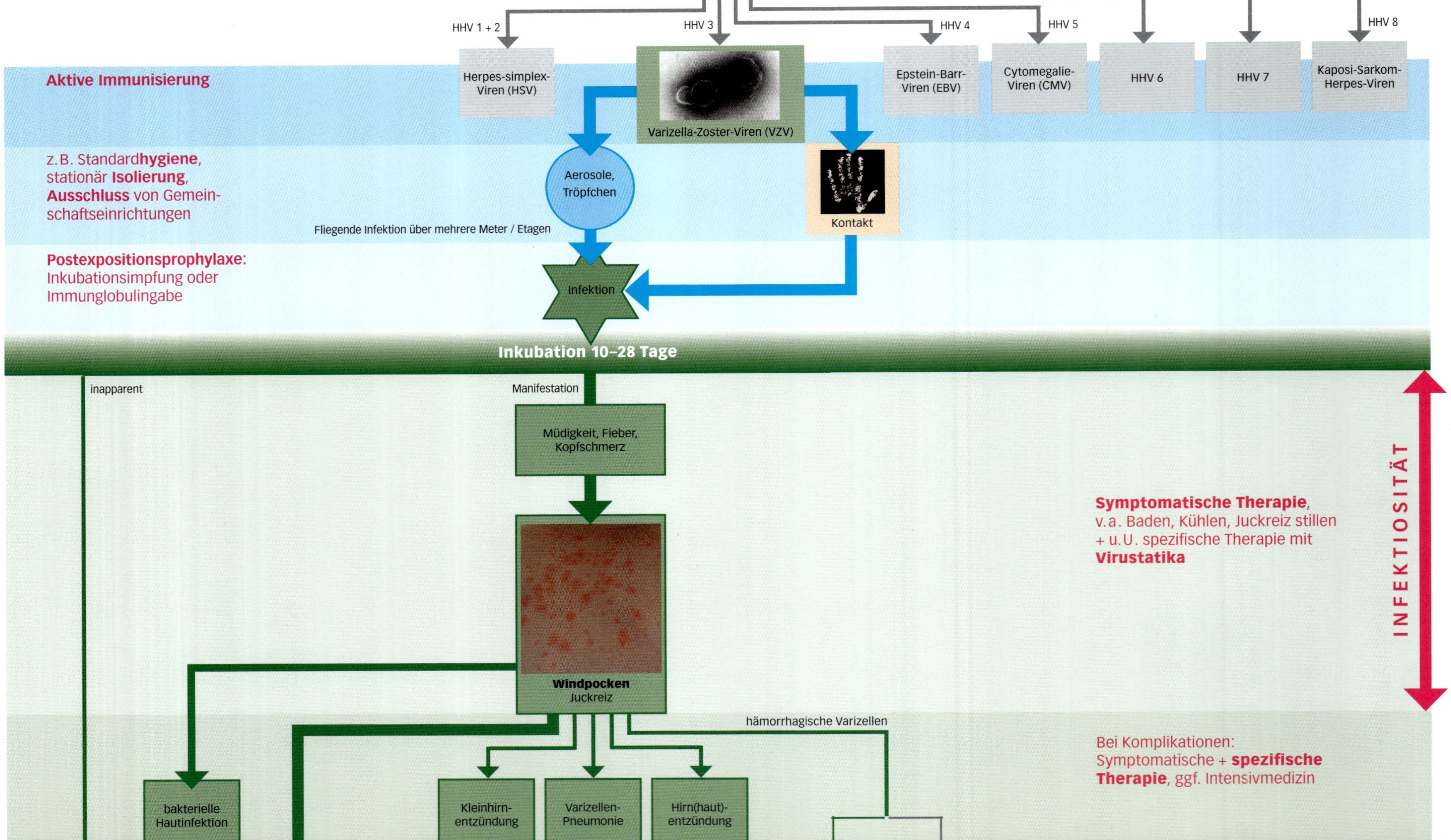

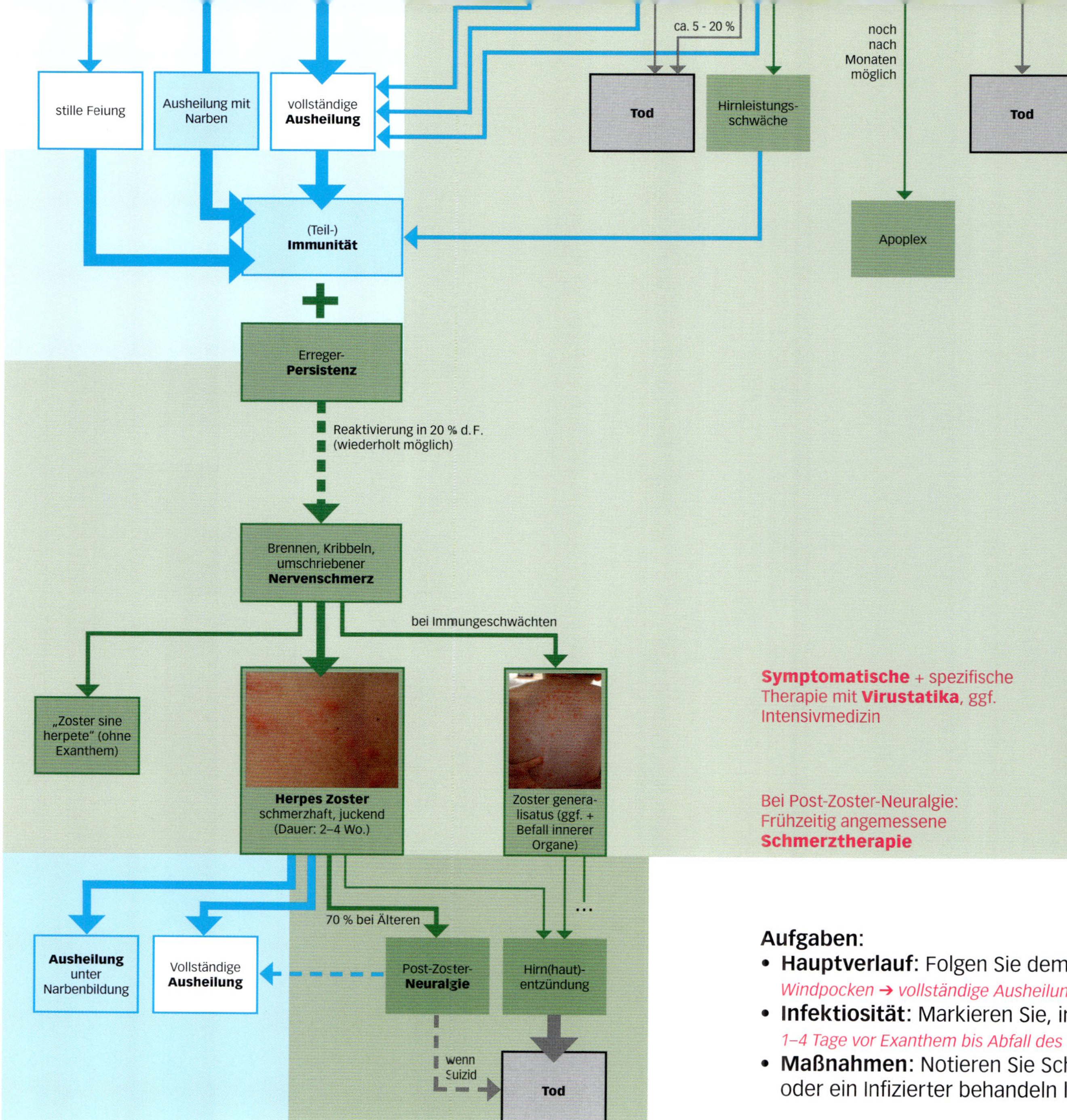

Bei Defektheilung: Rehabilitation, **Förderung**

Symptomatische + spezifische Therapie mit **Virustatika**, ggf. Intensivmedizin

Bei Post-Zoster-Neuralgie: Frühzeitig angemessene **Schmerztherapie**

Aufgaben:

- **Hauptverlauf:** Folgen Sie dem häufigsten Verlauf. *via Tröpfchen → manifeste Windpocken → vollständige Ausheilung → Teilimmunität + Erregerpersistenz (ohne Gürtelrose)*
- **Infektiosität:** Markieren Sie, in welcher Zeit ein Infizierter ansteckend ist. *1–4 Tage vor Exanthem bis Abfall des letzten Schorfs*
- **Maßnahmen:** Notieren Sie Schritt für Schritt, wie sich die Infektion verhindern oder ein Infizierter behandeln lässt.

Vervollständigen Sie den Text:

2. Gürtelrose (= Herpes zoster)

Die Reaktivierung der „schlummernden" Varizella-Zoster-Viren wird getriggert durch starke UV[1]-Strahlung, physischen und/oder psychischen Stress, während der Schwangerschaft, bei Immundefektsyndrom, bei nachlassender Abwehrleistung im höheren Lebensalter oder im Rahmen chronischer[2] Erkrankungen. Dann wandern die Viren aus ihren „Verstecken" (Hirnnerven oder rückenmarksnahe Spinalganglien) entlang eines oder mehrerer Nerven zum jeweiligen versorgten Hautareal und lassen dort das Bild der Gürtelrose entstehen.

Ein Brennen sowie heftigste Schmerzen entlang des entzündeten Nervs und der Haut sind die ersten Symptome einer Gürtelrose. Wenige Tage später schießen im Gebiet der geröteten Haut stark juckende, gruppiert stehende Bläschen auf, welche schließlich aufplatzen und verkrusten. Die Gürtelrose präsentiert sich meist am Rumpf[3], zum Teil im Gesicht und eher selten an den Extremitäten. Die Erkrankung ist meist halb[4]seitig und auf ein bis drei Hautareale begrenzt. In schweren Fällen kann die Erkrankung jedoch auch generalisieren, d.h. am ganzen Körper auftreten, und sich gar auf innere Organe ausweiten.

Jeder, der an „Zoster" erkrankt ist, bedarf der Schonung. Vor allem bei abwehrgeschwächten Menschen, speziellen Begleitumständen, jedem Zoster im Kopf-Hals-Bereich sowie bei allen Menschen über 50 Jahre sollte möglichst innerhalb der ersten 3 Tage nach Auftreten des Hautausschlags eine spezifische virustatische Therapie beginnen. Die Medikamente verkürzen den Krankheitsverlauf und beugen Komplikationen vor. In der Regel werden sie oral[5] eingenommen, ca. eine Woche lang; teils müssen sie intravenös verabreicht werden. Zusätzlich werden Schmerzmedikamente sowie Juckreiz lindernde Substanzen eingesetzt. Der Ausschlag sollte je nach Stadium austrocknend oder zur Krustenlösung feucht gehalten werden.

Größtenteils heilt die Gürtelrose innerhalb eines Monats aus, hinterlässt aber meist feine Narben. Bei Abwehrgeschwächten verläuft sie oft schwer und geht eher mit Komplikationen[6] einher. Insbesondere ältere Menschen leiden im Anschluss an den Zoster gehäuft unter quälenden dauerhaften Nervenschmerzen; diese "Post-Zoster-Neuralgie" kann Monate bis Jahre andauern und die Lebensqualität erheblich reduzieren[7]. Betroffene benötigen daher eine wirksame Schmerztherapie.

Meldepflicht ?			an Gesundheitsamt	X	mit Namen	X	an Robert-Koch-Institut		anonym	
durch Arzt	stets bei Erkrankung		auch bei Verdacht		auch bei Tod		nur bei Häufung	X	nur im Sonderfall	X
durch Labor	bei Erregernachweis									

[1] Sonnen-
[2] schwerer, bösartiger, zehrender, immunschwächender, immunsupprimierender
[3] Stamm
[4] ein-
[5] peroral, per os, p.o.
[6] Folgeerkrankungen
[7] mindern, herabsetzen, beeinträchtigen

Infektion mit Varizella-Zoster-Viren

1 Benennen Sie mind. zwei **Besonderheiten** der Varizelleninfektion im Vergleich zu anderen Infektionskrankheiten.

I. Die Varizellen können **über mehrere Etagen hinweg übertragen** werden.
II. Es kann zu einer **Reaktivierung der persistierenden Erreger** kommen, auch wiederholt.
III. Bei Reaktivierung zeigt sich ein **anderes Krankheitsbild (Gürtelrose).**
IV. Eine spezielle Folgeerkrankung ist die **Post-Zoster-Neuralgie.**

2 Lokalisation und Stadien beim Herpes zoster: Beschreiben Sie die folgenden Abbildungen, indem Sie so genau wie möglich benennen, wo am Körper sich der Ausschlag befindet und in welchem Stadium er ist.

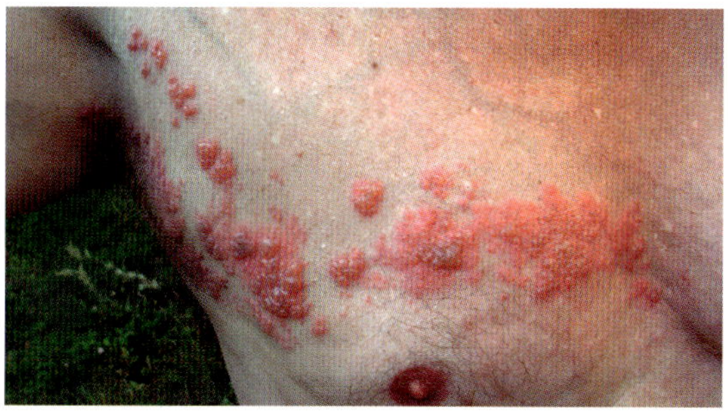

Lokalisation:
Rechtsseitiger Zoster am **Stamm** im Bereich des Dermatoms **Th 2.**

Stadium:
Der Zoster ist **„frisch"**, denn es sind **Bläschen** auf rotem Grund zu sehen.

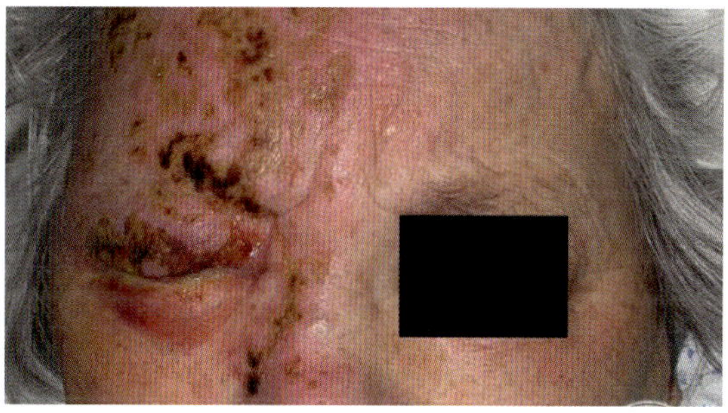

Lokalisation:
Rechtsseitiger Zoster im **Gesicht** im Bereich des ersten Trigeminusastes (Zoster **ophthalmicus**).

Stadium:
Der Zoster ist in **Abheilung** begriffen, denn die Bläschen sind bereits **ausgetrocknet** und es zeigen sich Borken.

3 Überlegen / diskutieren Sie:

a) Kann sich die 2-jährige ungeimpfte Enkelin bei ihrer Oma anstecken, die an Gürtelrose leidet?

Ja, über den **infektiösen Bläscheninhalt** (über die Atemsekrete ist die Gürtelrose hingegen nicht infektiös, anders als bei den Windpocken). Die Enkelin bekäme **Windpocken**, vorausgesetzt, sie ist nicht bereits immun.

b) Kann sich der Opa bei seinem Enkel anstecken, der gerade die Windpocken durchmacht?

Theoretisch ja, wenn er nie zuvor mit Varizellen in Berührung kam (äußerst unwahrscheinlich wegen hoher Durchseuchung, > 90 % der Erwachsenen besitzen Antikörper). Opa würde dann auch an Windpocken erkranken.
Praktisch nein, denn Opa hat wahrscheinlich schon die Windpocken durchgemacht und ist diesbezüglich **immun**. Der erneute Kontakt mit Varizellen ist für ihn sogar hilfreich, er trainiert das Immunsystem **(Booster-Effekt)** und **schützt vor Reaktivierung** oder zumindest einem schweren Verlauf der Gürtelrose.

c) Kann jemand, der sich nicht erinnert, je Windpocken durchgemacht zu haben, an Gürtelrose erkranken?

Ja, wenn er die Windpocken **unbemerkt** durchgemacht hat (dies ist bei mehr als 66 % derer, die sich nicht erinnern, der Fall). Die stattgefundene Infektion lässt sich durch Varizellen-**Antikörper** nachweisen.

d) Ist ein Mensch gegen Gürtelrose immun, wenn er sie einmal durchlitten hat?

Nein. Die Viren werden auch dann nicht vollständig eliminiert, **verbleiben** zum Teil weiter im Körper, und zwar in einem **unangreifbaren Zustand.** Man kann daher, anders als bei Windpocken, **wiederholt** einen Zoster erleiden. Allerdings wirkt die Zostererkrankung selbst wie eine Art Auffrischung, ein **erneuter Zosterausbruch kann eine Zeit lang verhindert** werden.

e) Kann ein Mensch auch dann an Gürtelrose erkranken, wenn er gegen Windpocken geimpft wurde?

Grundsätzlich **ja.** Die Wahrscheinlichkeit ist jedoch geringer im Vergleich zur natürlichen Infektion.

4 Nennen Sie drei Kriterien, anhand derer sich die Gürtelrose von den Windpocken abgrenzen lässt.

	Exanthem	Lokalisation	Altersgipfel
Windpocken	Zeitlich **verschiedene Stadien** gleichzeitig („Sternenhimmel"), Effloreszenzen **diffus verteilt.**	Immer ist der **ganze Körper** betroffen, der Ausschlag beginnt meist am behaarten Kopf und ist am Rumpf am dichtesten.	Meist **bei Kindern** (Ausnahme: Erwachsene, die sich erstmalig mit Varizellen infizieren, erkranken erst an Windpocken.)
Gürtelrose	Alle Effloreszenzen befinden sich im annähernd **gleichen Stadium** und stehen **gruppiert.**	Meist nur **1–3 Dermatome einer Seite** betroffen, v. a. **am Rumpf.** (Ausnahme: Generalisierung bei Immunschwäche!)	Meist **bei Erwachsenen** (Ausnahme: Kinder können schon eine Gürtelrose durchmachen, vor allem, wenn sie sich bereits als Säugling infizierten.)

5 Die Herpesvirenfamilie ist groß. Ordnen Sie den „Familienmitgliedern" ihre jeweiligen Erkrankungen zu.

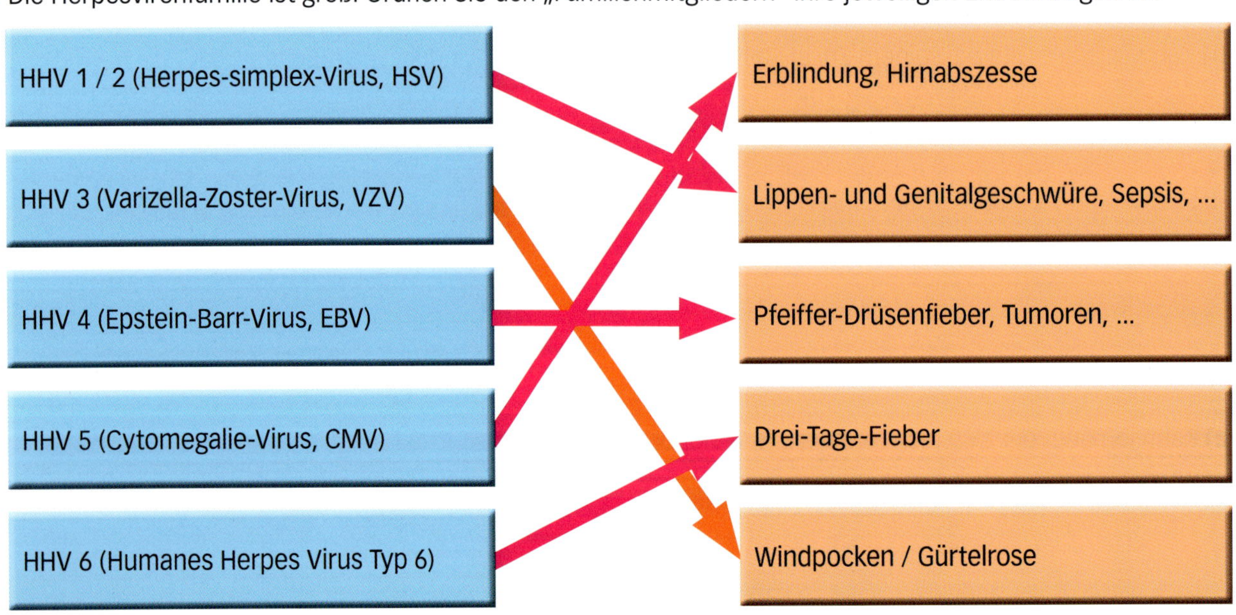

Quiz

Markieren Sie die richtige Antwort.

1. Die Varizella-Zoster-Viren (VZV) gehören zur **Familie** der ...

A: Retroviren	B: Herpesviren
C: Togaviren	D: Poxviren

2. Die **Durchseuchungsrate** mit Varizella-Zoster-Viren beträgt in Deutschland derzeit ...

A: < 10 %	B: ca. 50 %
C: 90–95 %	D: 100 %

3. Die **höchste** Ansteckungsgefahr geht bei Windpocken aus von ...

A: aufgeplatzten Bläschen	B: Tränen
C: Narben	D: Urin

4. **(Schleim-)Hautblutungen** als seltene Komplikation der Windpocken sieht man **am ehesten** bei ...

A: Menschen unter Kortison- oder Chemotherapie	B: Kindern im Mutterleib
C: Kindern und Jugendlichen mit Neurodermitis	D: hochbetagten Menschen

5. **Bevorzugte Jahreszeiten** einer Windpockenerkrankung sind ...

A: Winter + Frühling	B: Frühling + Sommer
C: Sommer + Herbst	D: Herbst + Winter

6. Die Gefahr einer **Ansteckung** besteht ...

A: weder bei Windpocken noch beim Zoster	B: nur bei Windpocken
C: in hohem Maße bei Windpocken, geringer beim Zoster	D: nur beim Zoster

7. Das von einem Rückenmarksnerv **versorgte Hautgebiet** heißt ...

A: Neuron	B: Hämatom
C: Dermatom	D: Dermatose

8. *Nicht* von Viren der Herpesfamilie hervorgerufen wird die Erkrankung ...

A: Windpocken	B: Gürtelrose
C: Drei-Tage-Fieber	D: Herpangina

9. Von den folgenden Juckreiz lindernden Substanzen zählen zu den **Antihistaminika** (Antiallergika) ...

A: Kamille / Kleie-Extrakt / Fichtennadelöl (als Badezusatz)	B: Rhus-toxicodendron-Globuli (zum Einnehmen)
C: Polidocanol 5 % oder Lotio alba aquosa (zum Einschmieren)	D: Ceterizin-Tropfen (zum Einnehmen)

10. Der Name „**Wundrose**“ meint nicht die Gürtelrose, sondern ist ein Synonym für ...

A: das Erysipel	B: den Schweinerotlauf
C: das offene Bein	D: den Nagelumlauf

11. *Kein* **Symptom** einer Gürtelrose ist ...

A: Fieber	B: Lymphknotenschwellung
C: Nervenschmerz	D: Quaddelbildung

12. Medikamente zur Zosterbehandlung werden **eingenommen** für ...

A: 3 Tage	B: 1 Woche
C: 3–4 Wochen	D: 1 Jahr

13. Nur eine ***relative*** **Indikation** zur antiviralen Zostertherapie besteht bei ...

A: immungeschwächten Menschen	B: Menschen über 50 Jahre
C: jungen Menschen mit Zoster am Rumpf	D: Menschen mit Zoster im Kopf-Hals-Bereich

14. Um bei Windpocken die Narbenbildung durch **Kratzen zu vermeiden**, ist *am wenigsten* sinnvoll, ...

A: Kindern die Fingernägel kurz zu schneiden	B: Kindern zur Nacht Baumwollhandschuhe anzuziehen
C: Kleinkindern gut zuzureden	D: den Juckreiz mittels kühler Umschläge zu lindern

15. Zovirax®, Zostex®, Famvir Zoster® und Valtrex® gehören zur **Gruppe** der ...

A: Antibiotika	B: Virustatika
C: Opioide	D: Fungizide

16. Die **akute zerebelläre Ataxie** als Komplikation einer Windpockenerkrankung ...

A: tritt bei einem von hundert Erkrankten auf	B: äußert sich durch aufsteigende Lähmungen
C: hat eine günstige Prognose	D: ist Ausdruck einer Großhirnentzündung

17. Ein **Synonym** für die medizinische Gürtelrose ist allein der Name ...

A: Schuppenröschen	B: Herpes simplex
C: Herpes zoster	D: Blumentier

18. Das seltene, aber gefürchtete **Reye-Syndrom**, welches mit Krampfanfällen und Koma einhergehen kann, entsteht bevorzugt ...

A: bei Kindern mit Virusinfekt, denen man Paracetamol gibt	B: bei Kindern mit Virusinfekt, denen man Acetylsalicylsäure (ASS) gibt
C: bei Erwachsenen mit Virusinfekt, denen man Paracetamol gibt	D: bei Erwachsenen mit Virusinfekt, denen man Acetylsalicylsäure (ASS) gibt

19. Ein **auslösendes Moment** für die Aktivierung einer Gürtelrose kann sein ...

A: das Liegen in der Sonne	B: das Laufen im Sand
C: das Wälzen im Schnee	D: das Singen im Regen

20. Im prognostisch **ungünstigsten Fall** ist die Gürtelrose ein **Hinweis** auf ...

A: übermäßige UV-Strahlung	B: eine seelische Belastung
C: eine Krebserkrankung	D: das Älterwerden

21. Ein häufig anzutreffender **Erreger** bei bakterieller Superinfektion der Windpocken-Effloreszenzen ist ...

A: Salmonella enteritidis	B: Staphylococcus aureus
C: Streptococcus pneumoniae	D: Mycobacterium tuberculosis

22. Ein **Synonym für Windpocken** ist der Begriff ...

A: Kuhpocken	B: Pocken
C: Blattern	D: Schafblattern

23. In Bezug auf die **Gürtelrose** gilt …

A: Ein Zoster der Mutter ist für den Fetus unbedenklich	B: Die Ausatemluft enthält infektiöse Tröpfchen
C: Kinder bilden mehr Bläschen aus als ältere Menschen	D: Sie heilt meist ohne Narbenbildung ab

24. Ein **ungeborenes** Kind wird durch eine mütterliche Windpockeninfektion *nicht* gefährdet …

A: zwischen der 5.–15. SSW [1]	B: zwischen der 16.–24. SSW
C: ab der 24. SSW bis 1 Woche vor der Geburt	D: um die Geburt herum

25. Die **Windpocken-Impfung** ...

A: verhindert sicher eine Windpockenerkrankung	B: verhindert sicher eine Gürtelrose
C: darf ab der 9. Lebenswoche verabreicht werden	D: kann infektiöse Impfwindpocken hervorrufen

26. Zur Therapie der **Post-Zoster-Neuralgie** kommen *nicht* zum Einsatz …

A: Antidepressiva (z. B. Amitryptilin)	B: Antikonvulsiva (z. B. Carbamazepin)
C: Opioid-Analgetika (z. B. Tramadol)	D: Antikoagulanzien (z. B. Warfarin)

27. Befällt die Gürtelrose den **Augenbereich**, spricht man vom ...

A: Zoster ophthalmicus	B: Zoster oticus
C: Zoster osso	D: Zoster bucco

[1] SSW = Schwangerschaftswoche

Influenza

Vervollständigen Sie den Text:

Die Influenza, auch „echte" Grippe genannt, wird durch Influenza viren ausgelöst. Auf der Nord halbkugel tritt sie zwischen Januar und März gehäuft auf.

Abzugrenzen ist der „grippale Infekt", welcher die Erkältung meint und durch andere, z. B. durch Rhino[1] viren, hervorgerufen wird.

Influenza-Viren sind weltweit verbreitet; es existieren die Typen A, B und C. Eine Besonderheit der Viren Typ A und Typ B ist ihre Wandelbarkeit: Als Folge kleiner, spontaner Abweichungen (= Antigen- drift) entstehen fortlaufend Varianten mit neuen[2] Antigeneigenschaften. Da die Viren nach diesen punktuellen Mutationen nur schwer vom Immunsystem wiedererkannt werden, kommt es regelmäßig zu regional begrenzten Erkrankungswellen (= Epi demien). Eine sprunghafte, in Abständen von 10–40 Jahren erfolgende Veränderung in der Genstruktur, die zu Sub typen führt, nennt man Antigen- shift. Sie entsteht nur bei Influenza-A-Viren. Allein Viren dieses Typs können auch Tiere befallen, z. B. Vögel[3]. Eine Vermischung menschlicher und tierischer Grippeviren, aus der ein neuartiges, humanpathogenes Grippevirus von hoher Virulenz hervorgehen kann, ist wegen der Gefahr einer weltumspannenden Erkrankungswelle (= Pan demie) gefürchtet. Seltener entwickelt sich ein solch neuer „radikaler" Subtyp auch durch Mutation[4].

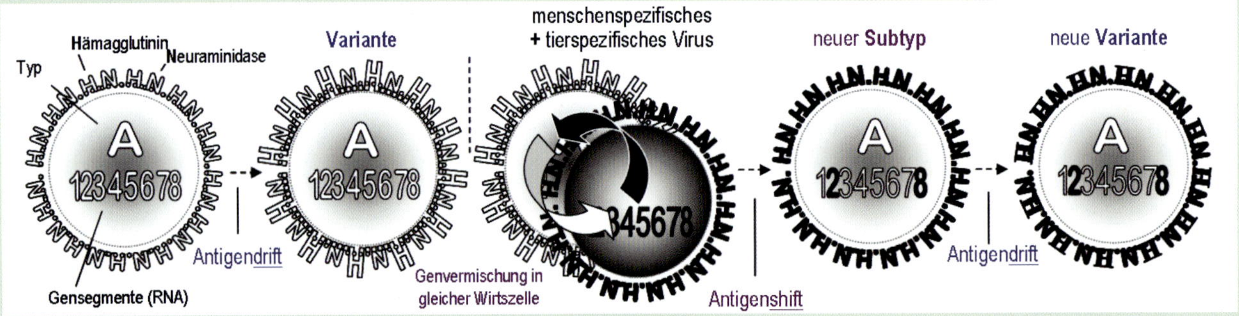

Abb. 1: **Wandelbares Grippevirus. Finden Sie den Unterschied!**

Die sehr kontagiösen Viren werden v. a. durch Tröpfcheninfektion (z. B. beim Niesen[5]) übertragen; nicht zu unterschätzen ist auch die Kontakt[6] infektion. Die Inkubationszeit ist auffällig kurz (Stunden bis Tage). Doch weniger als die Hälfte aller Infizierten zeigt Symptome einer schweren Grippe; bei der Mehrzahl verläuft die Infektion in apparent oder ähnelt mehr einer Erkältung. Alle Infizierten sind bereits ein bis zwei Tage vor Symptombeginn für andere ansteckend und ab Ausbruch weitere fünf Tage.

Manifestiert sich eine „klassische" Grippe, sind folgende Symptome besonders typisch: der plötzliche[7] Beginn, hohes, mehrtägiges Fieber (> 38 °C), ein schweres Krankheitsgefühl, Halsschmerzen und

1 Adeno-, Parainfluenza-, Corona-, Respiratory-Syncytial-, ...
2 unbekannten
3 Schweine, Pferde
4 Erbgutänderung
5 Husten, Sprechen, Singen, Ausatmen
6 Schmier-
7 schlagartige, unvermittelte, überraschende, akute

ein zäher, schmerzhafter Husten sowie starke Kopf - und Muskelschmerzen.

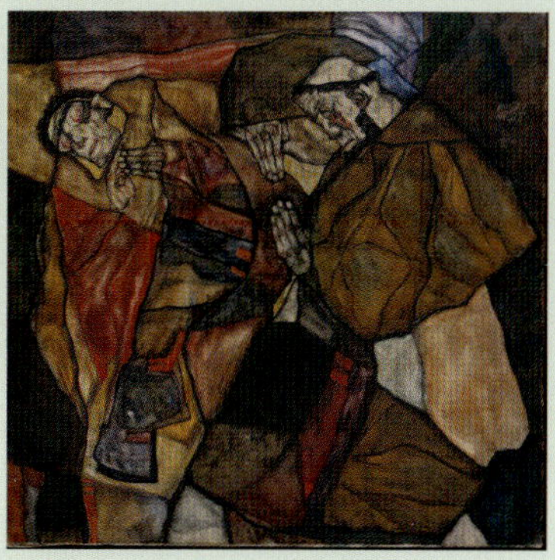

Abb. 2 **Agonie (Der Todeskampf) Egon Schiele 1912**
Der Maler Egon Schiele erlag im Jahr 1918 mit nur 28 Jahren der Spanischen Grippe, ebenso wie seine Frau, die im sechsten Monat schwanger war.

In etwa 20 % der Fälle verkompliziert sich die Erkrankung; nicht selten entwickelt sich z.B. eine Pneumonie[1]. Diese kann anfangs durch die Influenzaviren selbst verursacht sein, oder später durch andere Erreger, z. B. Bakterien[2] ausgelöst werden, welche in dem geschwächten Körper leichtes Spiel haben und im Sinne einer Super infektion „noch einen draufsetzen". Bei Kindern zählt v.a. eine Mittel ohr entzündung, bei alten Menschen ein Kreislauf kollaps zu den Folgeerkrankungen sowie sehr selten auch Herz - oder Hirnentzündungen. Komplikationsreiche Verläufe betreffen vorwiegend Kinder wie Erwachsene mit geschwächter Abwehr und / oder Vor[3] erkrankungen; gar tödliche[4] Verläufe sieht man fast ausschließlich bei sehr alten Menschen. Mitunter sind es aber auch gerade junge Erwachsene, die akut an einer Grippe versterben.

Behandelt wird ein Erkrankter in aller Regel symptomatisch; Bettruhe wird von selbst angestrebt. Eine spezifische Therapie, etwa für Risikopatienten, stellen die Neuraminidase hemmer dar. Deren Wirksamkeit ist jedoch begrenzt und unerwünschte Nebenwirkungen nicht selten. Ihr Einsatz wird nur empfohlen, wenn eine Epidemie ausgebrochen ist, die Symptome typisch sind, andere schwere Infektionen ausgeschlossen wurden und die Therapie innerhalb der ersten 24 –48 Stunden beginnen kann. Zur zeitnahen Sicherung der Diagnose „Grippe" eignet sich ein spezieller Schnell test.

In der Mehrzahl der Fälle heilt eine Influenza folgenlos aus, doch leiden die Betroffenen selbst bei unkompliziertem Verlauf noch längere Zeit unter Schwäche und Müdigkeit. Die Genesungsphase (= Rekonvaleszenz) dauert somit relativ lange.

Im Zuge der Infektion erwirbt man zwar eine Immunität bezüglich der jeweils durchgemachten Unterform; man kann aber jederzeit an neuen Varianten / Subtypen erkranken. Aus diesem Grund wird auch der Impf stoff jährlich an die vorherrschenden Stämme angepasst; seine Schutzwirkung liegt je nach Alter zwischen 30 und 90 %.

Meldepflicht ?			an Gesundheitsamt	X	mit Namen	X	an Robert-Koch-Institut		anonym	
durch Arzt	stets bei Erkrankung		auch bei Verdacht		auch bei Tod		nur bei Häufung	X	nur im Sonderfall	X
durch Labor	bei Erregernachweis	X								

[1] Lungenentzündung [2] Staphylokokken, Pneumokokken [3] Grund- [4] letale

Influenza – mögliche Verläufe

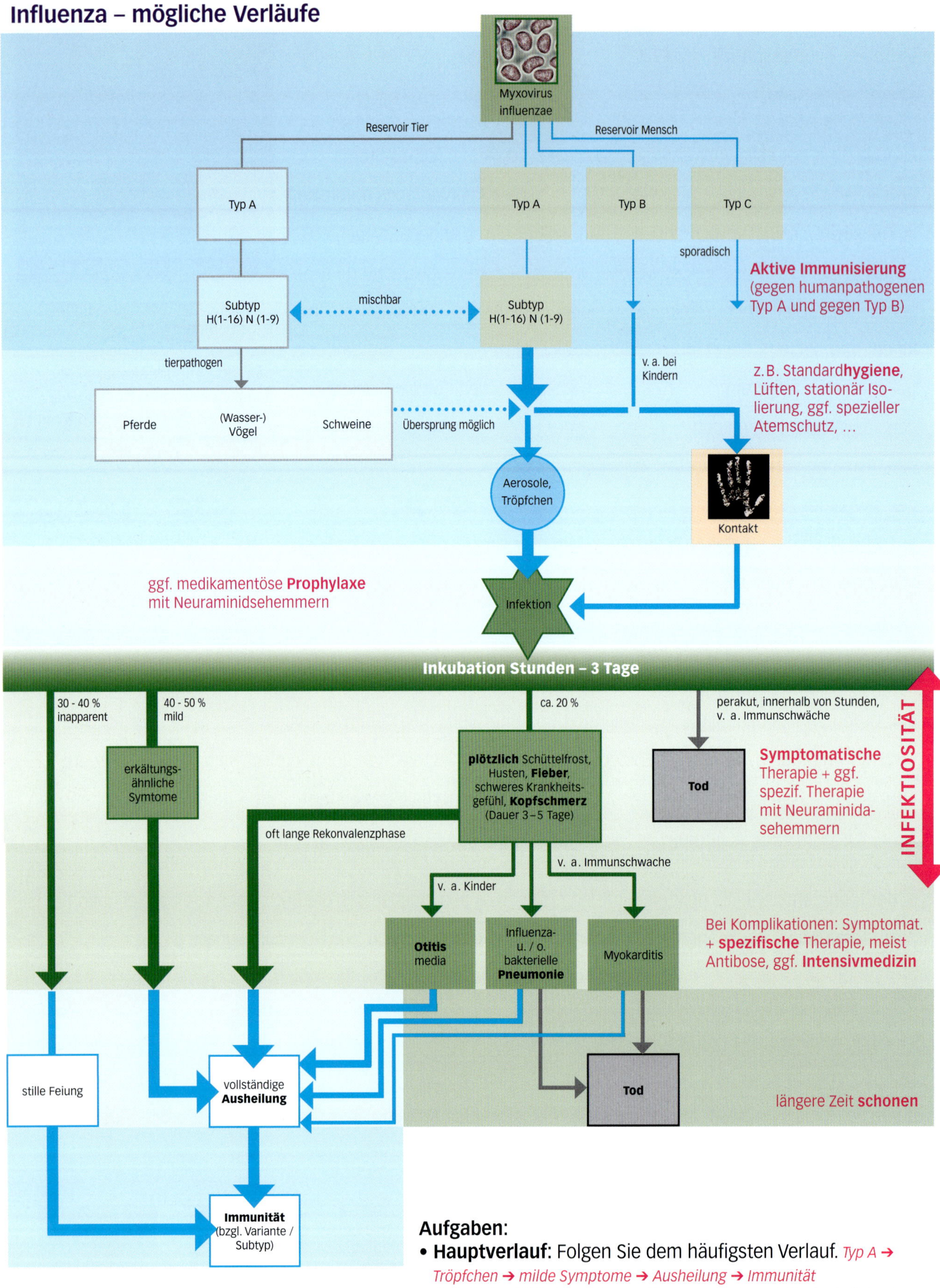

Aufgaben:

- **Hauptverlauf:** Folgen Sie dem häufigsten Verlauf. *Typ A → Tröpfchen → milde Symptome → Ausheilung → Immunität*
- **Infektiosität:** Markieren Sie, in welcher Zeit ein Infizierter ansteckend ist. *Maximal 2 Tage vor bis 5 Tage nach Ausbruch; auch bei inapparentem Verlauf*
- **Maßnahmen:** Notieren Sie Schritt für Schritt, wie sich die Infektion verhindern oder ein Infizierter behandeln lässt.

Infektion mit Influenza-Viren

1 Nennen Sie mind. drei **Besonderheiten** der Influenzaviren im Vergleich zu anderen Krankheitserregern.

I. **Fortlaufende Veränderung** der Virushülle bei Typ A und B, daher **zahlreiche Varianten** → immer wieder **Epidemien**, da das Immunsystem die Erreger kaum wiedererkennt

II. Es gibt **tierpathogene Typ-A-Viren** → mögliche Kreuzung (**Reassortment**) mit humanpathogenem Typ A

III. Bei Typ A gibt es **Subtypen** → ein neuer, virulenter Subtyp kann eine **Pandemie** auslösen.

IV. Die an sich empfindlichen Viren sind in **feuchtem, kühlen Milieu** (< 20 °C) mehrere Monate überlebensfähig.

2 Wie erklären Sie sich, dass es gerade bei der Influenza so oft zu **Epidemien** kommt?

- **Langes Überleben der Viren in nasskalter Jahreszeit:** Menschen sind in dieser Zeit generell geschwächter.
- **Hohe Kontagiosität:** Viren leicht übertragbar durch kleinste / größere Tröpfchen und durch Kontakt.
- **Kurze Inkubationszeit:** wenige Stunden, maximal drei Tage.
- **Hohe Variabilität der Viren:** Eine dauerhafte Herdenimmunität kann nicht aufgebaut werden, da das Immunsystem die Varianten/Subtypen nur schlecht oder gar nicht wiedererkennt.

„Ich brauche keine Grippeschutzimpfung", sagt Altenpfleger Alf P., „ich bin eine robuste Natur. Von den Kollegen / Kolleginnen macht das auch kaum einer und soweit ich weiß, lässt sich selbst unser Hausarzt nie impfen. Und so schlimm ist die Grippe doch gar nicht. Wozu also? Hat doch nur Nebenwirkungen. Und einen hunderprozentigen Schutz erwerbe ich damit ja auch nicht. Da stimmt für mich das Nutzen-Risiko-Verhältnis einfach nicht."

3 Das Für und Wider einer Grippeschutzimpfung
Und was meinen Sie? Diskutieren Sie die genannten Aspekte.

Argumente **gegen** eine Grippeschutzimpfung

- **Junge Erwachsene sind von einer saisonalen Grippe am seltensten betroffen.**
- Eine **Grippe verläuft bei einem jungen, gesunden Erwachsenen meist komplikationslos**, oft sogar unbemerkt. Letale Verläufe betreffen üblicherweise ältere Menschen > 65 Jahre und Abwehrschwache.
- **Wegen der fortlaufenden Virusvariation kann ein voller Impfschutz nie gewährleistet werden**, wenngleich jährlich die neueste WHO-Empfehlung in der Impfstoffzusammensetzung berücksichtigt wird.
- Die **Grippeimpfung zeigt relativ viele Nebenwirkungen** (NW). Wegen der sich ändernden Impfstoffe können NW auftreten, die bis dahin nur sehr selten oder gar nicht bekannt waren. Insbesondere bei drohender Pandemie muss unter Zeitdruck ein neuer Impfstoff hergestellt werden, der dann möglicherweise schlechter geprüft ist als die regulären Saisongrippe-Impfstoffe (wie z.B. bei der neuen Grippe).
- Hat jemand eine Grippe in naütrlicher Form durchgemacht, scheint er im Vergleich zu Geimpften besser gegen neue, virulentere Formen des Virus gefeit zu sein.

Argumente **für** eine Grippeschutzimpfung

- Bei medizinischem Personal ist eine Impfung **zum Schutz der weniger robusten Bewohner/Patienten** sinnvoll, denn auch bei eigenem milden Verlauf ist man sehr infektiös. Ein guter Schutz besteht schon, wenn jeder Zweite geimpft ist. Risikopatienten zu impfen ist weniger effizient.
- Die Zahl der **Krankheitstage des medizinischen Personals wird durch Impfung verringert** – das kommt dem Team als Ganzem zugute.
- Sehr selten verläuft eine Grippe bei jungen Erwachsenen sehr schwer oder gar letal (z.B. bei der Vogel- oder der Spanischen Grippe. Auch bei der neuen Grippe waren die Verstorbenen durchschnittlich 32 Jahre alt). Jederzeit kann ein neuer, virulenter, für alle Altersgruppen gefährlicher Subtyp entstehen.
- **Gesunde, jüngere Menschen** sind durch die Impfung immerhin **zu 70–90 % geschützt.** Alte Menschen hingegen sind nur zu 30–70 % geschützt.
- **Jüngere Erwachsene** zeigen eher **wenig NW nach Grippeimpfung**, sie ist im Ganzen gut verträglich. NW nehmen erst mit dem Alter stark zu.
- Die Impfung ist verträglicher bei a) **s.c.-Injektion** (statt i.m.), b) Verwendung von **Spaltvirus** - statt Ganzvirusimpfstoffen c) Impfstoffen **ohne Konservierungsstoffe / ohne Adjuvanzien**.

4 Markieren Sie auf den Skalen Unterschiede in den Symptomen einer Erkältung und einer Influenza:

Erkältung	Symptome	Influenza
+++++++++	Krankheitsgefühl	+**++++++++**
+++++**++++**	Schnupfen	+**+++**+++++
++**++++**+++	Husten	++++**+++++**
+**++++**++++	Kopfschmerzen	+++++**++++**
++++**+++**++	Körpertemperatur	+++++**++++**

5 Erklären Sie, ob eine Grippe immer eindeutig von einer Erkältung unterscheidbar ist.

Die Symptome erlauben keine sichere Unterscheidung. Eine schwer verlaufende Erkältung kann einer leicht verlaufenden Grippe **sehr ähneln**. Jede Grippe verläuft anders, da sich die Viren fortlaufend ändern, und jede Erkältung verläuft anders, da sie durch unterschiedliche Viren hervorgerufen wird (allein bei den Rhinoviren gibt es über 100 Serotypen). Will man die Diagnose sichern, z. B. zur Therapieplanung bei Risikopatienten oder der Statistik wegen, benötigt man **spezielle Tests**, z. B. den Influenza A/B-Schnelltest. Auch das Einschicken eines Abstriches oder eine Antikörperbestimmung im Blut dient dem **Nachweis**.

Quiz

Markieren Sie die richtige Antwort.

1. Die Buchstaben „**H**" und „**N**" (z.B. in dem Code „**H**5**N**1" für den Vogelgrippevirus) stehen für ...

A: Hämagglutinin und Neuraminidase	B: Hämangiom und Neuralgie
C: Hämatokrit und Neutrophile	D: Hämatom und Neuroblastom

2. Eine „echte" **Grippe** kann ausgelöst werden durch ...

A: Parainfluenzaviren	**B: Influenzaviren Typ B**
C: Hämophilus influenzae Typ B (HiB)	D: Hepatitis-B-Viren

3. Die „**Spanische Grippe**", die von 1918 - 1920 grassierte, forderte weltweit ca. ...

A: 99 Todesopfer	B: 1.000 Todesopfer
C: 6 Millionen Todesopfer	**D: 25–40 Millionen Todesopfer**

4. Eine an den Beinen beginnende, symmetrisch **aufsteigende Lähmungserkrankung**, die sehr selten (0,0001 % der Fälle) als Komplikation einer Grippeimpfung auftreten kann, nennt sich ...

A: Amyotrophe Lateralsklerose	**B: Guillain-Barré-Syndrom**
C: Fazialisparese	D: Myasthenia gravis

5. **Kleine, zufällige Veränderungen** („Punktmutationen") in der Hülle von Grippeviren nennt man ...

A: Antigen-Drift	B: Antigen-Shift
C: Antigen-Umschaltung	D: Antigen-Vertreibung

6. Influenzaviren vom **Typ A** …

A: kommen sowohl bei Menschen wie bei Tieren vor	B: kommen nur bei Tieren vor
C: werden von Tieren übertragen, die selbst nicht erkranken	D: kommen allein beim Menschen vor

7. Die **Unterform** eines Influenza-Virus vom Typ A (z.B. H3N2) nennt sich …

A: Subway	B: Subtyp
C: Subkultur	D: Subjekt

8. **Mehr als 90 % aller Todesfälle** im Rahmen einer saisonalen Grippe betreffen …

A: Säuglinge	B: Kinder im Grundschulalter
C: Erwachsene im dritten Lebensjahrzehnt	D: Menschen über 65 Jahre

9. Ein Mensch, der sich mit **Influenza**-Viren infiziert hat, ist seinerseits **infektiös** …

A: schon während der Inkubationszeit	B: nur solange er Husten und Schnupfen hat
C: nur, wenn er eine Influenza-Pneumonie durchmacht	D: noch zwei Wochen nach Fieberabfall

10. Kommt es in einem Land zu einer **Influenza-Epidemie**, spricht man umgangssprachlich von …

A: Grippebö	B: Grippeflut
C: Grippewelle	D: Grippetsunami

11. Mit einem **komplikationslosen Verlauf** der Grippe können *am ehesten* rechnen …

A: Kinder mit Abwehrschwäche (z.B. bei Leukämie)	B: Kinder mit einer Herzerkrankung (z.B. Klappenfehler)
C: Kinder mit einer Lungenerkrankung (z.B Asthma)	D: Kinder mit einer Hauterkrankung (z.B. Neurodermitis)

12. Zur **Abklärung** einer Influenza A / B von anderen Infektionskrankheiten …

A: reicht das klinische Bild völlig aus	B: eignet sich ein Abstrich aus Tränenflüssigkeit
C: existieren Schnelltests mit Teststreifen	D: eignet sich vor allem eine Urinprobe

13. Der **Austausch** eines **ganzen Gensegments** zwischen Virusarten heißt …

A: Antigen-Drift	B: Antigen-Shift
C: Antigen-Schiff	D: Antigen-Antrieb

14. Der Fachausdruck für **Vogelgrippe** lautet …

A: aviäre Influenza	B: pescäre Influenza
C: porcine Influenza	D: vermäre Influenza

15. Eine einzelne **Fertigspritze mit Grippeimpfstoff** kostet – in Sammelbestellung – ca. …

A: 10–20 Cent	B: 1–2 Euro
C: 10–20 Euro	D: 100–200 Euro

16. Zugelassen als **spezifische Medikamente** zur Behandlung der Influenza A oder B sind …

A: Antibiotika	B: Beta-Blocker
C: Neuroleptika	D: Neuraminidasehemmer

17. Zur Eindämmung der Grippe wird empfohlen, **respiratorische Sekrete** („Nasenrotz“ etc.), …

A: in Einwegtücher verpackt zu entsorgen	B: unmittelbar in Spucknäpfe zu überführen
C: in Papiertaschentüchern aufzunehmen und in den Hosentaschen lange aufzubewahren	D: in möglichst große Stofftaschentücher aufzunehmen und mehrmals wiederzuverwenden

18. Die **Vogelgrippe** …

A: ist zwischen Vögeln hoch ansteckend	B: ist zwischen Vögeln und Menschen hoch ansteckend
C: ist zwischen Menschen hoch ansteckend	D: ist weder für Vögel noch Menschen ansteckend

19. **Infiziert** sich ein Mensch, der sich mit der Hand an den Mund fasst, nachdem er die gleiche **Türklinke** anpackt, die schon sein grippeinfizierter Vorgänger berührt hat (der sich zuvor ins **Taschentuch** geschnäuzt und dies mit den **Händen** zusammengefaltet hat), so handelt es sich hier um eine …

A: Tröpfcheninfektion	B: direkte Kontaktinfektion
C: indirekte Kontaktinfektion („Schmierinfektion“)	D: endogene Infektion

20. Die – eher empfindlichen – Influenzaviren können **lange überleben** (bis zu Monaten), wenn …

A: ihre Umgebung möglichst trocken ist	B: die Außentemperaturen hoch (> 40 °C) sind
C: sie sich in kühlem Wasser (< 20 °C) befinden	D: sie mit kochend heißem Wasser in Kontakt kommen

21. Insbesondere **Kinder** reagieren auf Infekte (wie z. B. Grippe, Windpocken oder Masern) auch mit …

A: Erbrechen und Durchfall	B: Kopf- und Gliederschmerzen
C: Hals- und Beinbruch	D: Hand- und Fußsohlenbrennen

22. Auslöser einer „harmlosen“ **Erkältung** sind *niemals* …

A: Influenzaviren	B: Parainfluenzaviren
C: Rhinoviren	D: Adenoviren

23. **Neuraminidasehemmer** …

A: verkürzen den Krankheitsverlauf um 1–2 Tage	B: werden bei allen mit Grippeviren Infizierten eingesetzt
C: sind seit mehr als 70 Jahren bekannt	D: sind auch spät im Krankheitsverlauf noch wirksam

Küssen verboten?! Ausbruch der Neuen Grippe („Schweinegrippe“) im April 2009 in Mexiko

24. Eine **klassisch verlaufende Influenza** ist am wahrscheinlichsten bei folgender Symptomatik …

A: schleichender Beginn, Schnupfen, trockener Husten, Temperatur maximal 37,6 °C	B: produktiver Husten, Temperatur 37,5 °C, mäßig reduzierter AZ, Heuschnupfen
C: rasender Kopfschmerz, Erbrechen, Nackensteife, Fieber um 40 °C	D: plötzlicher Beginn, Fieber 38,3 °C, Kopfschmerz, zähtrockener Husten

Infektiöse Gastroenteritis

Vervollständigen Sie den Text:

Die infektöse Gastroenteritis ist eine Entzündung der Magen- und Dünndarmschleimhaut, welche durch vermehrungs fähige Krankheitserreger ausgelöst wird.

Abzugrenzen sind andere Formen der Magen-Darm-Entzündung, die z. B. als Folge einer Nahrungsmittel allergie oder durch Strahlenschäden, Medikamente, Tier- und Pflanzen gifte entstehen.

Ein Grenzfall liegt vor, wenn die von Bakterien produzierten Giftstoffe (= Toxine) auf Nahrungsmittel gelangen und den Verdauungstrakt schädigen; dies führt zu einer Lebensmittel-vergiftung .

Hierzulande sind die Erreger einer infektiösen Gastroenteritis vorrangig Viren (Abb. 1, 2) und Bakterien (Abb. 3); seltener auch Parasiten. Bezüglich reiner Durchfallerkrankungen kennt man noch eine weitaus größere Zahl an Erregern; darunter viele, die eher in wärmeren Regionen verbreitet sind.

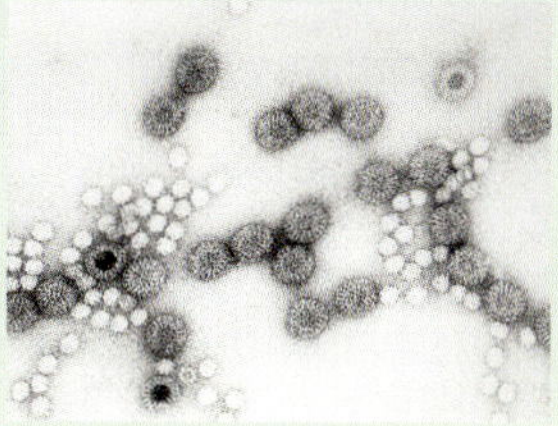

Abb. 1 **Rotaviren**

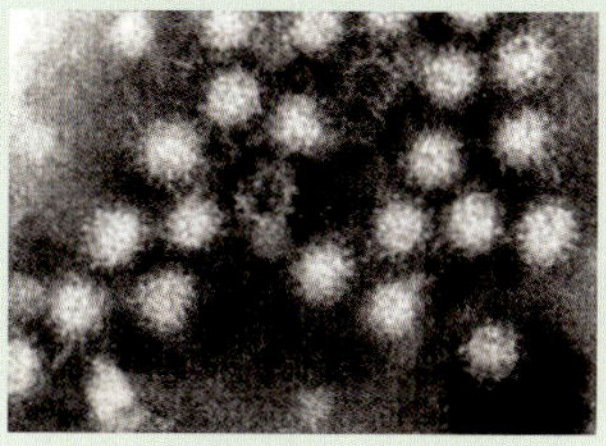

Abb. 2 **Noroviren**

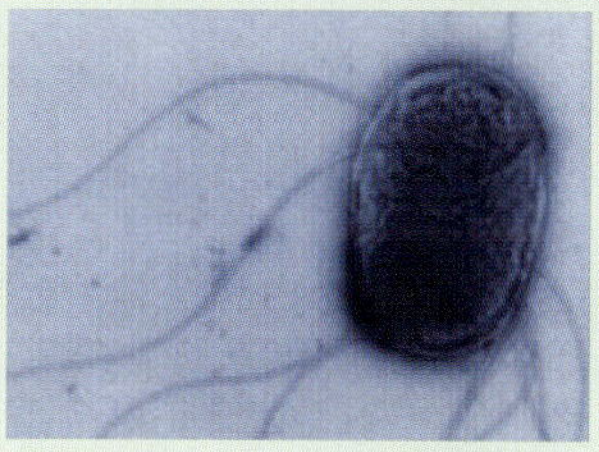

Abb. 3 **Salmonella enteritides**

Eine Infektionsquelle können Tiere sein, welche Erreger in sich tragen, ohne selbst zu erkranken. Gelangen deren Fäkalien auf Nahrungsmittel oder ins Trinkwasser[1] oder werden Tierprodukte (z. B. Eier, Milch) bzw. das Tier fleisch verzehrt, können die Erreger in den menschlichen Verdauungstrakt vordringen. Andere Krankheitserreger werden allein von Mensch zu Mensch übertragen, wenn der Mensch ihr einziges Reservoir ist. Generell scheiden Infizierte die Erreger hauptsächlich mit dem Stuhl[2] aus: Durch fäkal-orale Schmier infektion können sie dann auf den Nächsten übertragen werden (begünstigt wird dies in Kinderbetreuungsgruppen sowie in Alten- und Pflegeheimen, in denen viele Menschen stuhl inkontinent sind). Bei wenigen der gastrointestinalen Erreger erfolgt die Ansteckung über Speichel oder Erbrochenes in Form einer Tröpfcheninfektion.

Die Wahrscheinlichkeit einer Infektion steigt mit der Anzahl[3] der eingebrachten Erreger; ebenso spielt die Abwehrfähigkeit eine Rolle. Ein leichter[4] Verlauf kann sich allein mit Appetitlosigkeit, Unwohlsein und ungeformtem Stuhl äußern. Häufiger ist der akute Brechdurchfall, mit dessen Hilfe sich der Körper von den Erregern zu befreien versucht: Zunächst stehen Übelkeit und Erbrechen (= Vomitus[5]) im Vordergrund, dann kommt es zu länger anhaltendem, breiigem bis wässrigem Durchfall (= Diarrhö). Bauch schmerzen[6] , Kopfschmerz und Fieber können hinzutreten.

[1] Leitungswasser
[2] Kot
[3] Dosis, Menge
[4] milder, einfacher
[5] Emesis
[6] -krämpfe

Der körperlich anstrengende und zehrende Prozess schwächt die Betroffenen sehr. Zudem kann der Flüssigkeitsverlust (= De hydratation) so massiv sein, dass z. B. Kinder in den ersten Lebensjahren, unter gewichtige und alte Menschen leicht eine Exsikkose entwickeln. Im ausgeprägten Fall macht sich diese Komplikation durch dunklen [1] Urin, halonierte [2] Augen, eine langsam verstreichende bis stehen bleibende Hautfalte, trockene Schleimhäute, blassgraue Haut oder gar Bewusstseins störungen bemerkbar. Der Kreislauf kann versagen, weshalb die Vitalwerte zu überprüfen sind.

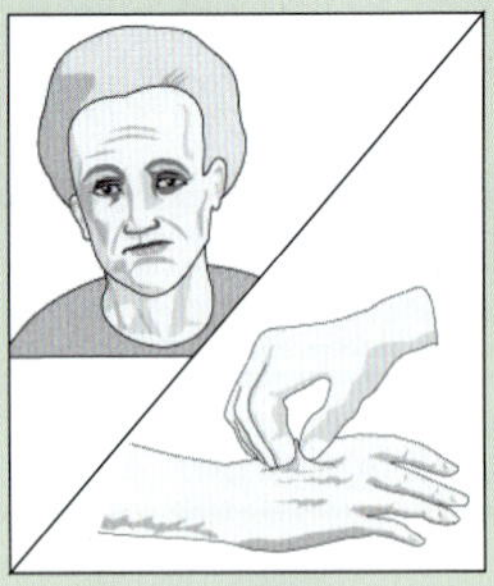

Abb. 4 **Exsikkose**

Die entscheidende Therapie ist symptomatisch und besteht im schnellstmöglichen Ersatz an Wasser und Elektrolyten [3], welche in einem bestimmten Mischungsverhältnis zusammen mit Traubenzucker gegeben werden. Die Re hydratation erfolgt entweder oral oder aber parenteral mittels Infusion, je nach Umständen und Schweregrad. Weiterhin bieten sich stilles Mineralwasser, Kräuter-, Schwarz- oder Grün tee an, bei Säuglingen durchgehend Muttermilch bzw. Flaschennahrung. Der Nahrungsaufbau erfolgt eher sanft, mit fettarmer, leicht verdaulicher Kost (geeignet sind z. B. geriebene Äpfel, gematschte Bananen, Zwieback, Kartoffel brei, Reisschleimsuppe oder klare Brühe). Probiotika helfen beim Aufbau der Darm flora.

Im Allgemeinen ist eine infektiöse Gastroenteritis selbst limitierend und heilt innerhalb von zwei bis vier Tagen folgenlos aus – wenn sie nicht ohnehin von Anfang an einen nur milden Verlauf genommen hat. Eine akute Magen-Darm-Entzündung kann jedoch auch tödlich enden (dann meist aufgrund der Dehydratationsfolgen, in seltenen Fällen bedingt durch Blutzerfall oder Sepsis). Bei Menschen, die regelmäßig auf bestimmte Arzneimittel [4] angewiesen sind, ist zu beachten, dass diese anders als gewünscht wirken können, zu schwach oder zu stark.

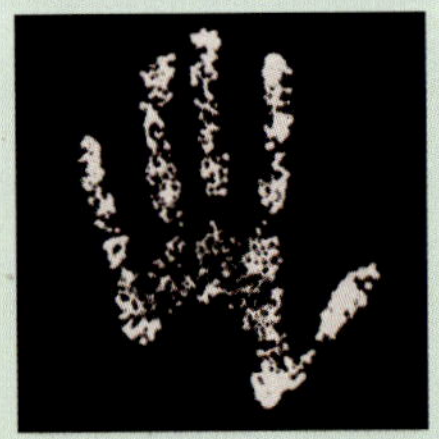

Abb. 5 **Kontaminierte Hand**

Die Prophylaxe besteht in der Aufklärung über mögliche Infektionswege und der Einhaltung ausreichender Hygiene, einschließlich der Verordnungen zur Trinkwasserqualität und zur Lebensmittelversorgung. Gezielte Vorgaben sind zu beachten, wenn Menschen per Sonde ernährt werden. Im privaten Umfeld dienen der sorgfältige Umgang mit Lebensmitteln und die persönliche Hygiene – insbesondere das Waschen der Hände nach Toilettengang – dem eigenen Schutz und dem der anderen.

Meldepflicht ?			an Gesundheitsamt	X	mit Namen	X	an Robert-Koch-Institut		anonym	
durch Arzt	stets bei Erkrankung		auch bei Verdacht		auch bei Tod		nur bei Häufung	X	nur im Sonderfall	X
durch Labor	bei Erregernachweis	X								

[1] konzentrierten [2] eingefallene [3] Mineralstoffen [4] Medikamente

Charakteristika einzelner Gastroenteritiden

Rotavirus-Infektion

In zwei von drei Fällen sind es Kinder, die erkranken (gehäuft zwischen dem 6.-24. Lebensmonat); in Entwicklungs[1] ländern ein entscheidender Grund für die hohe Kindersterblichkeit! Hierzulande fällt der Erkrankungsgipfel in die Monate Februar bis April. Schon eine minimale Virusmenge reicht zur Infektion aus und löst neben akutem Brechdurchfall oft auch Fieber aus. Gegen den jeweils durchgemachten Sero typ erwirbt man zunächst eine Immunität; da verschiedene Typen vorkommen, ist jedoch eine wiederholte Erkrankung möglich. Erst mit der Zeit stellt sich eine umfassendere Immunität ein. Für Säuglinge existiert eine Schluckimpfung, deren Nutzen im Vergleich zum Risiko individuell abgewogen werden muss; offiziell wird sie nicht empfohlen.

1 Der Ablauf einer Rotavirus-Infektion ist überschaubar. Versuchen Sie, den Ablauf in Form eines Flussdiagramms selbst zu skizzieren (Nebenstehend oder auf eigenem A4-Blatt).

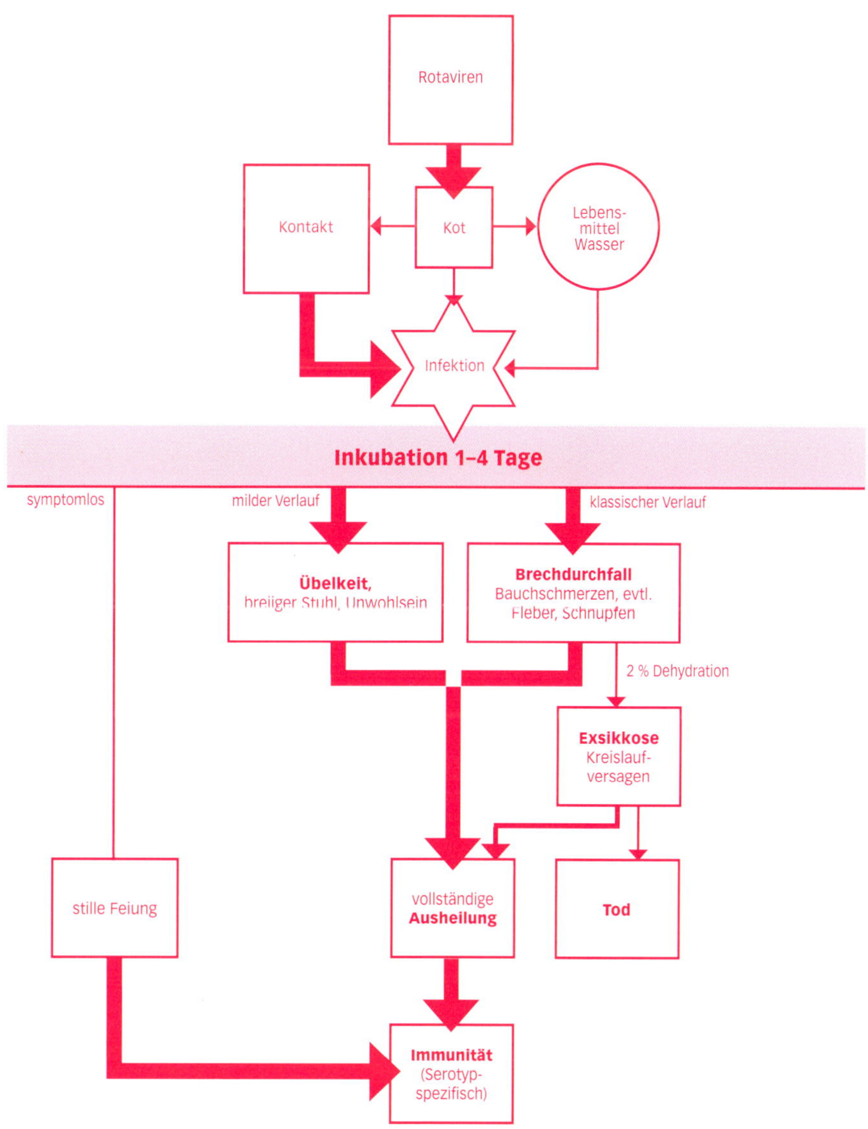

[1] „Dritte-Welt“

Norovirus-Infektion

Noroviren sind hoch ansteckend; eine geringe[1] Menge reicht bereits zur Infektion aus. Daher erkranken auch gesunde[2] Menschen jeden Alters leicht an Noroviren, einschließlich derer, die in Gemeinschaftseinrichtungen arbeiten (bei ihnen ist der Verlauf jedoch meist milder, verglichen mit den Betreuten). Auch auf Kreuzfahrt schiffen reisen Noroviren gern als blinde Passagiere mit. Charakteristisch ist der kurze und heftige Verlauf mit schwall artigem Erbrechen. Insbesondere in der nass kalten Jahreszeit kommt es durch die rasche[3] Verbreitung leicht zur Epidemie.

Mögliche Verläufe:

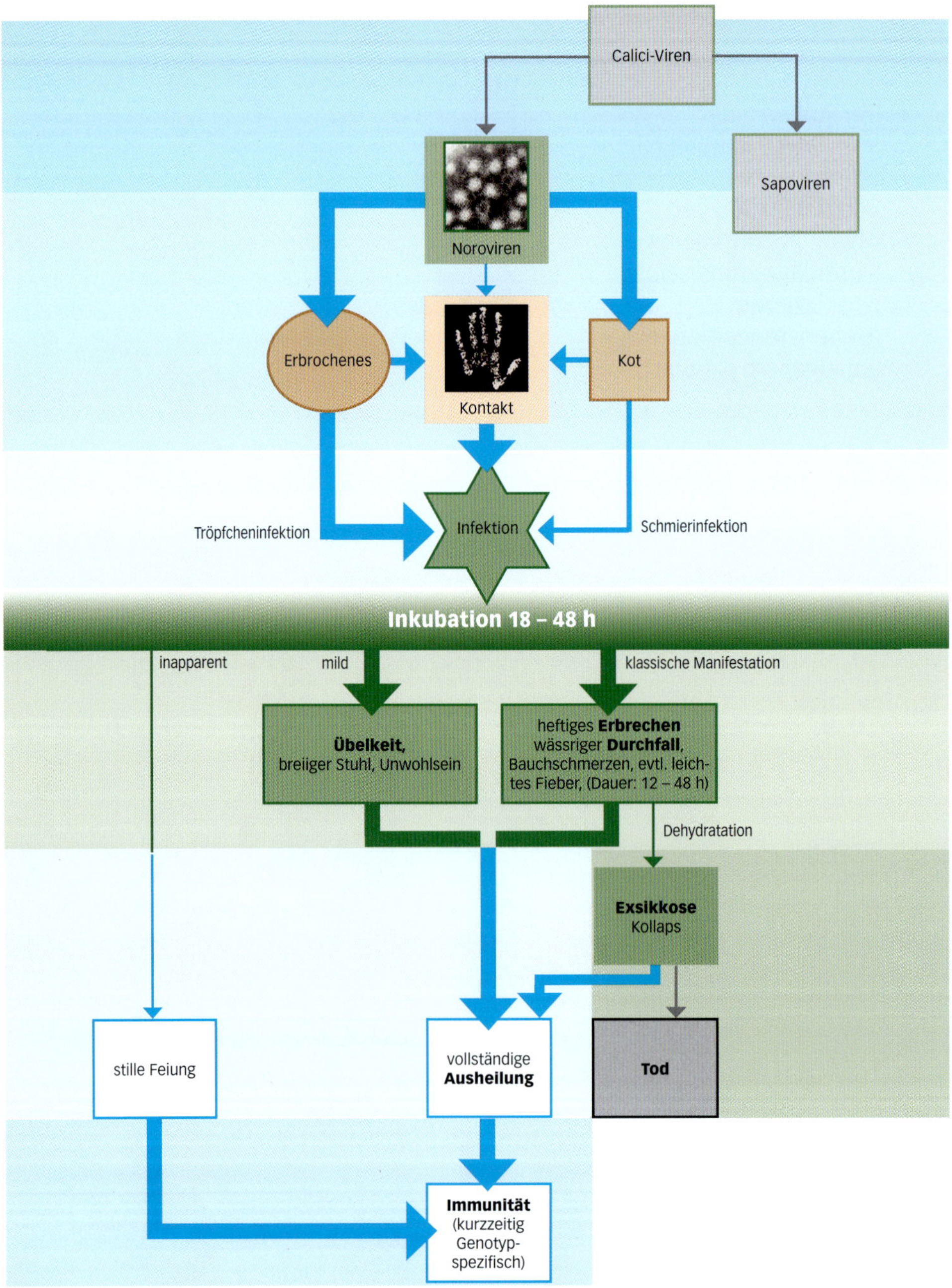

[1] kleine, winzige, minimale
[2] immunkompetente, immunstarke
[3] schnelle, rasante

Salmonella-Enteritis („Klassische Lebensmittelinfektion")

Salmonellen werden oft durch erregerhaltige oder kontaminierte Lebensmittel[1] (z. B. rohes Ei) übertragen. Gesunde Menschen erkranken erst ab sehr hohen[2] Dosen; dazu kommt es bevorzugt im Spät sommer, wenn sich die Bakterien besonders leicht vermehren. Bei abwehrschwachen Personen reicht bereits eine kleine Dosis aus. Zusätzlich zur symptomatischen Therapie werden bei Immunschwachen und bei allen Patienten mit schwerem Verlauf auch Antibiotika eingesetzt.

Mögliche Verläufe:

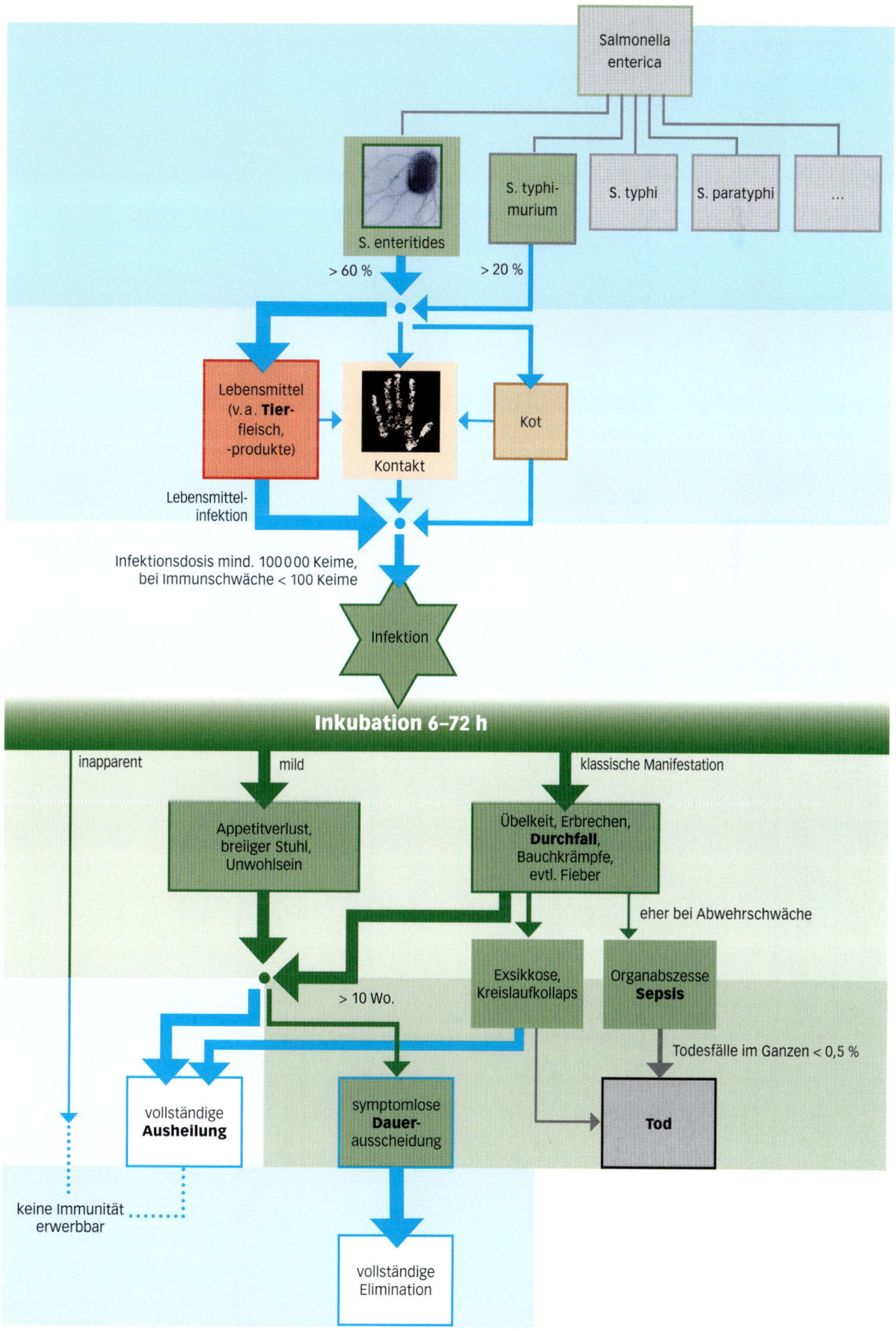

[1] Nahrungsmittel
[2] großen, mächtigen,

2 Ergänzen Sie die nachfolgende Tabelle (Angaben sollen für Deutschland gelten):

	Rotavirus-Infektion	Norovirus-Infektion	Salmonella-Enteritis
Widerstandsfähigkeit der Erreger	• äußerst **umweltresistent** (bleiben u. a. auf unbelebten Flächen eine Stunde infektiös) • sehr desinfektionsresistent	• äußerst **umweltresistent** (überleben bei −20 °C bis +60 °C) • sehr **desinfektionsresistent**	• in / auf Lebensmitteln mehrere Monate überlebensfähig, auch im Kühlschrank; sehr umwelt**resistent**. Vermehung bei 7–47 °C
Übertragungsweg	• über erregerhaltigen Stuhl (**„fäkal-oral“**) • über erregerhaltiges Erbrochenes (?) • über erregerhaltigen **Speichel** • über **kontaminierte** Lebensmittel, Trinkwasser, Flächen	• über erregerhaltigen Stuhl (**„fäkal-oral“**) • über erregerhaltiges Erbrochenes ! • über **kontaminierte** Lebensmittel (v. a. Salate, Krabben, Muscheln), Getränke, Flächen	• durch Verzehr erregerhaltiger **Lebensmittel** (v. a. rohe Eier, Fleisch, Speiseeis) • über erregerhaltigen Stuhl (**„fäkal-oral“**) • über k**ontaminierte** Lebensmittel / Flächen • durch Kontakt mit Reptilien als Heimtiere
Infektions-Dosis	• **ab 10** Viruspartikel	• **ab 10–100** Viruspartikel	• gesunde Erwachsene: **ab 100 000** Keime • Kinder, Immunschwache **≤ 100 Keime** [1]
Häufigkeitsgipfel	• **Februar–April**	• **kalte Jahreszeit:** Oktober–März	• **Sommer**
Inkubationszeit	• 1–4 Tage (meist **2 Tage**)	• ca. 18–48 h (meist **24 h**)	• 6–72 h (meist **12–36 h**)
Symptome	• Übelkeit, Erbrechen; **wässriger Durchfall** (oft mit **Schleim**) • Bauchkrämpfe, Halsschmerzen, Schnupfen; evtl. **Fieber**	• Übelkeit, oft **schwallartiges Erbrechen; wässriger Durchfall** • Bauchkrämpfe, **Kopf-u. Gliederschmerz**; evtl. leichtes Fieber	• Unwohlsein, Übelkeit, evtl. Erbrechen; **Durchfall** (z.T. mit **Blut**) • **Bauchkrämpfe**, Kopfschmerz; leichtes **Fieber**
Krankheitsdauer	• meist 2 bis 6 **Tage**	• ½ bis 2 **Tage** („kurz und heftig“)	• wenige Stunden bis **Tage**
Komplikationen	• **Exsikkose**, Kreislaufkollaps	• **Exsikkose**, Kreislaufkollaps	• Exsikkose, Kreislaufkollaps • 5 % der Fälle: **Darmblutung, Abszesse, Sepsis**
Therapie	• **Rehydrierung** = Ersatz des Salz- und Flüssigkeitsverlustes (oral oder i.v.) • schonender Kostaufbau	• **Rehydrierung** = Ersatz des Salz- und Flüssigkeitsverlustes (oral oder i.v.) • (bei schwerem Erbrechen evtl. Antiemetika) • schonender Kostaufbau	• Rehydrierung (oral oder i.v.) • bei Risikogruppen u./o. schwerem Verlauf zusätzlich **Antibiose** [2] • schonender Kostaufbau

[1] geringe Dosis gilt auch für Gesunde, wenn die Keime in stark Fetthaltigem (Schokolade, Käse, Salami, …) oder in Gewürzen enthalten sind
[2] Im Normalfall sind Antibiotika bei Salmonellose nicht indiziert, da sie den Brechdurchfall nicht beeinflussen, aber die Ausscheidung der Salmonellen verlängern

	Rotavirus-Infektion	Norovirus-Infektion	Salmonella-Enteritis
Bekämpfungsmaßnahmen bei Ausbrüchen	• mind. seperates WC, möglichst (Kohorten-)**Isolierung** bis 48 h nach Symptomfreiheit • **Einweghandschuhe** und **Schutzkittel** (Noroviren: + **Mund-Nasen-Schutz** bei Erbrechen!) • **viruswirksame Händedesinfektion** a) Personal; b) Patienten • tgl. viruswirksame **Wischdesinfektion** patientennaher Flächen inkl. Türgriffen, nach Kontamination sofort! (Atemschutz an, s.o.). Gesperrte Bereiche nach letztem Krankheitsfall nach **Schlussdesinfektion** wieder öffnen • **Minimierung** der Patienten- / Personalbewegung, wenn Verlegung → **informieren** über Inf. • **Unterweisung** von Patienten / Besuchern in korrekter Händehygiene • **Freistellung** von Personal in Gemeinschaftseinrichtungen bzw. bei im Lebensmittelbereich Tätigen bei geringsten Symptomen (Wiedereinstieg frühestens 48 h nach Symptomfreiheit) • Kinder < 6 J. dürfen erst 48 h nach Symptomfreiheit wieder in Gemeinschaftseinrichtungen		• **Händewaschen** und **-desinfektion** während gesamter Erkrankungsdauer, **Unterweisung** von Patienten/ Besuchern in Händehygiene, **Einweghandschuhe** • laufende **Wischdesinfektion** aller kontaminierungsfähigen Flächen, Gegenstände • Menschen mit Verdacht / Erkrankung / Langzeitausscheider dürfen in Gemeinschaftseinrichtung oder in Lebensmittelbetrieb **nicht mit Lebensmitteln in Berührung** kommen! • Kinder < 6 J. mit Verdacht/ Erkrankung dürfen nicht in Gemeinschaftseinrichtungen
Dauer der Infektiosität	• **solange Virusausscheidung** im Stuhl (vor Ausbruch und mind. noch 2 Wochen danach; bei Abwehrschwachen länger). Hoch ansteckend während Erkrankung!	• **solange Virusauscheidung** im Stuhl (ca. 2 Wochen, evtl. dauerhaft). Hoch ansteckend während Erkrankung bis 48 h nach Sistieren!	• **solange Keimausscheidung** im Stuhl (1 Monat; bei Kindern evtl. mehrere Monate)
Prognose	• **vollständige Ausheilung** (selbstlimitierend)	• **vollständige Ausheilung** (selbstlimitierend); evtl. **verzögerte Heilung**; selten **Tod**	• **vollständige Ausheilung**; evtl. **verzögerte** Heilung, chronischer Verlauf, selten **Tod**
Prophylaxe	• konsequente **Hygiene**, v.a. in Heimen, Krankenhäusern etc. und Küchen • **häusliche Absonderung**: Erkrankte Personen dürfen nicht in Gemeinschaftseinrichtungen und in Lebensmittelbereichen tätig sein, erkrankte Kinder < 6 J. dürfen keine Gemeinschaftseinrichtungen besuchen. • ggf. Schluckimpfung bei Säuglingen	• **konsequente** Hygiene, v.a. in Heimen, Krankenhäusern etc. und Küchen • **häusliche Absonderung**: Erkrankte Personen dürfen nicht in Gemeinschaftseinrichtungen und in Lebensmittelbereich tätig sein, erkrankte Kinder < 6 J. dürfen keine Gemeinschaftseinrichtungen besuchen. • Meeresfrüchte gut durchgaren!	• **Lebensmittelhygiene** (u.a.: lückenlose Kühlkette, Hände waschen, riskante Lebensmittel getrennt **im Kühlschrank** aufbewahren, rohes Hack / Ei bald verbrauchen, Kontaminiertes sofort heiß abwaschen; Instantprodukte kurz vor Verzehr zubereiten; ausreichend **erhitzen** (mind. 10 min. > 70 °C), nie länger warm halten. • Menschen mit (V.a.) Erkrankung + Dauerausscheider dürfen in Gemeinschaftseinrichtung und Lebensmittelbetrieb **nicht mit Lebensmitteln in Berührung** kommen! **Konsequente** Hygiene **v.a.** in Heimen, Krankenhäusern, Großküchen.

3 Die Abbildungen A und B stellen unterschiedliche Infektionsausbreitungen dar. Welche würden Sie eher den Noroviren, welche den Salmonellen zuordnen?

Abb. A: **Salmonellen**, da oft gemeinsame Infektionsquelle für eine **Gruppe** von Menschen.

Abb. B: **Noroviren**, da hier rasante Weitergabe von einem zum Nächsten, oft **epidemischer Verlauf** aufgrund der hohen Kontagiosität, Infektiosität und kurzen Inkubationszeit.

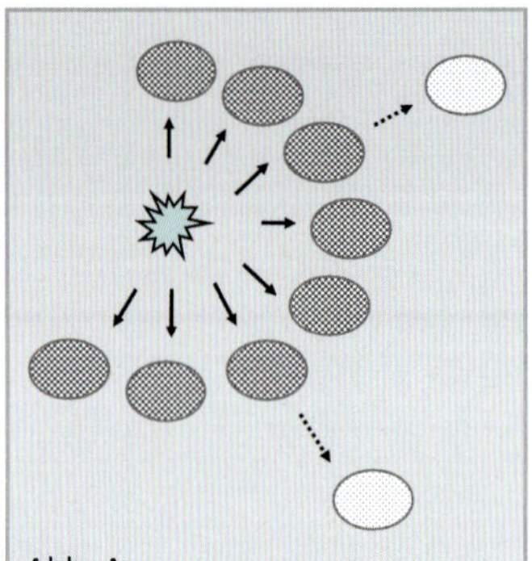
Abb. A

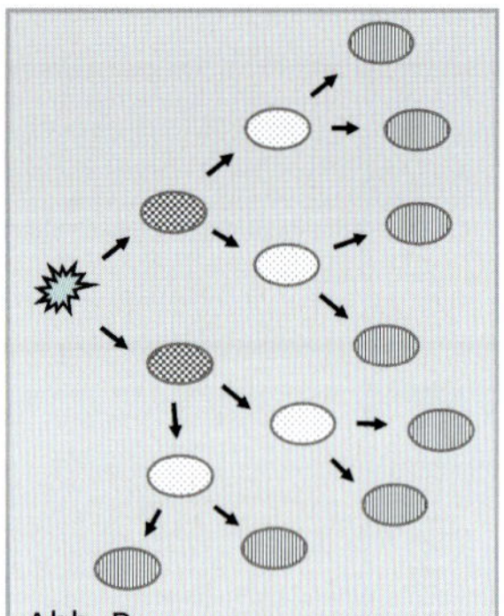
Abb. B

Fallbeispiel:

Dienstag (im Januar 2010):
Die Bewohnerin eines Altenheims, Frau A., entwickelt plötzlich eine Gastroenteritis mit heftigem, explosionsartigem Erbrechen und wässrigem Durchfall. Neben Bauchkrämpfen leidet sie unter Kopf- und Gliederschmerzen und ist sichtlich krank. Die Körpertemperatur beträgt 37,8°C axillar. Am Vortag gab es einen vegetarischen Auflauf und Apfelkuchen.

Mittwoch:
Die Zimmernachbarin und zwei weitere Bewohner erkranken mit den gleichen Symptomen. Frau A. muss nicht mehr erbrechen, hat aber noch etwas Durchfall und fühlt sich sehr schwach.

Ihnen selbst ist auch recht flau im Magen und der Stuhl ist breiiger als sonst.

Donnerstag:
Frau A. ist bereits, dank guter Pflege und Therapie, auf dem Weg der Besserung.

Die Zimmernachbarin musste hingegen in ein weiter entfernt liegendes Krankenhaus gebracht werden (das nächstgelegene Krankenhaus war wegen vieler ähnlicher Fälle schon gesperrt).

4 Norovirus-Infektion oder Salmonellose? Diskutieren Sie, was *für* die eine („Indiz") bzw. *gegen* die andere Erkrankung („Ausschluss") spricht.

Es ist von einer **Norovirus-Infektion** auszugehen, denn hierfür spricht:

I. Jahreszeit: Norovirus-Infektionen treten typischerweise im Winter auf, mit Gipfel im **Januar**.

II. Symptomatik: a) **Schwallartiges Erbrechen** (tritt bei mehr als der Hälfte aller Infizierten auf).
b) **Gliederschmerzen** deuten auch eher auf einen Virusinfekt hin als auf einen bakteriellen Infekt.

III. Auch das **Pflegepersonal erkrankt** (wenngleich mit milderer Symptomatik), geringe Dosis reicht bei Gesunden zur Infektion.

IV. Die schnelle Verbreitung von einem zum Nächsten in **epidemieartiger Form** - welches auch durch das wegen gleicher Fälle gesperrtem Krankenhaus deutlich wird - ist sehr typisch für Noroviren.

Gegen eine Salmonellose sprechen eher:

I. Das **Essen wirkt unverdächtig**, gibt keinen Hinweis auf eine mögliche Lebensmittelinfektion (vegetarischer Auflauf = ohne Fleisch, Auflauf und Apfelkuchen sind zudem über 70 °C länger als 10 Minuten gegart worden). Was allerdings sonst noch gegessen wurde, weiß man natürlich nicht…

II. Eine Salmonellose würde **eher im Sommer** auftreten, wegen der schnellen Vermehrung der Bakterien bei warmen Temperaturen. Dennoch wäre auch ein Auftreten im Winter denkbar.

III. Die Patientin hat erhöhte Temperatur, **kein Fieber**; die Salmonellose ginge aber eher mit Fieber einher.

Indifferent ist die kurze Inkubationszeit von Stunden bis Tagen, welche für beide Erkrankungen typisch ist. Ebenso findet man Durchfall und Bauchschmerzen bei beiden Erkrankungen.

Quiz

Markieren Sie die richtige Antwort.

1. Die **häufigste virale Darminfektion** bei Kindern wird verursacht durch ...

A: Noroviren	B: Rotaviren
C: Adenoviren	D: Masernviren

2. Eine Gastroenteritis geht voraussichtlich mit den **geringsten Komplikationen** einher bei ...

A: Säuglingen	B: magersüchtigen Männern
C: jungen, vollschlanken Frauen	D: hochbetagten Frauen

3. In **1 Gramm Stuhl** von Rotaviren-Infizierten befinden sich im Höchstfall ...

A: ca. 1–10 Viren	B: ca. 100–1000 Viren
C: ca. 100000–1 Million Viren	D: ca. 1–100 Milliarden Viren

4. Die Virusausscheidung – und damit die **Infektiosität** – besteht bei **Noroviren** ...

A: nur während der Phase des Erbrechens	B: hochgradig während und bis 2 Tage nach Sistieren
C: über mindestens 10 Tage nach Krankheitsbeginn	D: stets über mehrere Wochen

5. Die Art der Übertragung, die zum ***rasanten*** **Verbreiten** der **Noroviren** beiträgt, ist ...

A: die aerogene Transmission beim Erbrechen	B: die Transmission über Blut bei Transfusion
C: die perkutane Transmission bei Exsikkose	D: die fäkal-orale Transmission über erregerhaltigen Stuhl

6. Gelangen Erreger mittels **Schmierinfektion** aus Darmausscheidungen zum Mund, spricht man von

A: fokal-oraler Übertragung	B: fäkal-oraler Übertragung
C: ferkel-oraler Übertragung	D: fatal-oraler Überlagerung

7. Auf einen bereits bestehenden schweren **Flüssigkeitsmangel** deuten *nicht* hin ...

A: spröde und borkige Lippen	B: hellgelber Urin
C: Gewichtsverlust	D: Veränderungen im Blutbild

8. Bei Kindern und alten Menschen entwickelt sich **bei massivem Flüssigkeitsverlust** leicht ...

A: eine Alveolitis sicca	B: ein Sicca-Syndrom
C: ein Exopthalmus	D: eine Exsikkose

9. Die **Gefahr einer Salmonelleninfektion** ist unwahrscheinlich beim Verzehr von ...

A: Mayonnaise	B: Tiramisu
C: Apfelkuchen	D: Speiseeis

10. Die **Verbreitung der Noroviren** erklärt sich u.a. dadurch, dass sie ...

A: sehr resistent gegenüber Desinfektionsmitteln und Umwelteinflüssen sind	B: typischerweise über Zecken auf Menschen übertragen werden
C: sehr hitzeempfindlich sind	D: rein parenteral übertragen werden

11. Für einen **Diabetiker mit akutem Brechdurchfall** gilt ...

A: Er ist gefährdet, unmittelbar ins diabetische Koma zu fallen	B: Er benötigt weiterhin genügend Insulin für den basalen Bedarf
C: Er braucht kein Insulin, solange er nichts isst	D: Sein Blutzucker muss nur selten kontrolliert werden

12. Für den **Erregernachweis** bei einer Gastroenteritis gilt ...

A: Die Therapie beginnt, sobald das Ergebnis feststeht	B: Es wird immer eine Blutkultur angelegt
C: Das Ergebnis liegt stets am nächsten Tag vor	D: Der Nachweis ist in den meisten Fällen entbehrlich

13. Die auf das **Toxin** von **Staphylokokkus aureus** zurückgehende Gastroenteritis ist eine Form der ...

A: Nahrungsmittel-Vergiftung	B: Nahrungsmittel-Allergie
C: Nahrungsmittel-Intoleranz	D: Nahrungsmittel-Infektion

14. Erstmals **beschrieben** wurden die Noroviren ...

A: 50 v. Chr.	B: 800 n. Chr.
C: im 14. Jahrhundert	D: im 20. Jahrhundert

„Er hat sich wohl nicht die Hände gewaschen ...“

15. **Gefahr** ist in Verzug, wenn der **Durchfall** bei einem normal entwickelten **Säugling** länger anhält als ...

A: 2 Stunden	B: 6 Stunden
C: 2 Tage	D: 6 Tage

16. *Nicht* durch **Salmonellen** verursacht wird ...

A: Cholera	B: Salmonellenenteritis
C: Typhus	D: Paratyphus

17. Bekommt ein durchfallkrankes Kleinkind über einen **Teelöffel (à 5 ml) alle 3 Minuten Flüssigkeit**, nimmt es über **12 Stunden** gerechnet zu sich ...

A: ca. 500 ml	B: ca. 1,2 Liter
C: ca. 2,5 Liter	D: ca. 5 Liter

18. **Pflegerisch** ist bei **Durchfall**erkrankungen *nicht* sinnvoll, ...

A: im Pobereich zinkhaltige Creme zu verwenden	B: Windeln häufig zu wechseln
C: frische Luft an das Gesäß zu lassen	D: den Analbereich zu desinfizieren

19. *Kein* Kriterium für **Diarrhö** ist, dass ...

A: die Stuhlmenge mehr als 250 g am Tag beträgt	B: der Stuhl entfärbt ist
C: der Stuhl ungeformt bis flüssig ist	D: mehr als zwei Stühle pro Tag abgesetzt werden

20. In Deutschland gilt bezüglich der **Norovirus**-Infektionen ...

A: Sie kommen das ganze Jahr über gleich vor	B: Sie häufen sich zwischen Oktober und März
C: Sie sind noch nie im Mai aufgetreten	D: Sie nehmen im Hochsommer rasant zu

21. **Salmonellen** ...

A: werden im Gefrierfach sicher abgetötet	B: gehen bereits im Kühlschrank zugrunde
C: vermehren sich rasant bei 30 °C	D: halten Hitze bis 100 ° C locker für 1 Stunde stand

22. Um das **Risiko einer Gastroenteritis zu minimieren**, wird empfohlen, dass ...

A: eine PEG einmal wöchentlich durchgespült wird	B: Sondenkost stets kühlschrankkalt gegeben wird
C: Wasser zum Anrühren pulverförmiger Nahrung abgekocht ist	D: angebrochene Sondenkost nach 1 Monat verworfen wird

23. (Fertig-)Lösungen zur **Rehydrierung** nach Brechdurchfall enthalten sicher nicht ...

A: Traubenzucker (= Glukose, $C_6H_{12}O_6$)	B: Kochsalz (= Natriumchlorid, NaCl)
C: Sylvin (= Kaliumchlorid, KCl)	D: Ätznatron (Natriumhydroxid, NaOH)

24. Menschen, die **symptomlose „Dauerausscheider"** von Salmonellen sind, ...

A: müssen sich in Quarantäne begeben	B: dürfen nur eingeschränkt im Lebensmittelbereich arbeiten
C: sind als arbeitsunfähig einzustufen	D: sollten über die gesamte Dauer Antibiotika nehmen

25. Die schmackhafte **„Fanconi-Lösung"**, die man Kindern portionsweise nach einer Durchfallerkrankung warm zu trinken geben kann, enthält ...

A: 3 EL (Trauben-)Zucker, 1/2 TL Salz, 300 ml Orangensaft + 1 Liter verdünnten schwarzen Tee	B: 3 EL Traubenzucker, $^1/_2$ TL Orangensaft, 300 mg Salz + 1 Liter starken schwarzen Kaffee
C: 3 EL Orangensaft, $^1/_2$ TL Pfeffer, 300 mg Traubenzucker + 1 Liter Bier	D: 3 EL Mehl, $^1/_2$ TL Salz, 300 ml Zitronensaft + 1 Liter Vorzugsmilch

26. *Kein* **Hausmittel bei Durchfall** ist ...

A: das sorgfältige Kauen getrockneter Heidelbeeren	B: das Trinken von Brombeerblättertee
C: das Essen eines mit Schale geriebenen Apfels	D: das Essen roher Vogelbeeren

27. Mit dem Begriff **„Stuhlvisite"** meint man ...

A: eine Privataudienz beim Papst	B: die öffentliche Vorlesung eines Lehrstuhlinhabers
C: eine Inspektion des Kots auf Farbe, Konsistenz und Menge	D: eine ärztliche Visite am Krankenbett, die im Sitzen abgehalten wird

Hepatitis B

Vervollständigen Sie den Text:

Die Hepatitis B ist eine durch Viren ausgelöste, akut oder chronisch verlaufende Entzündung der Leber.

Abzugrenzen sind weitere Virus-Hepatitiden im engeren Sinn (z. B. Hepatitis A [1]) und andere, teils auch nicht erregerbedingte Leberentzündungen.

Etwa ein Drittel der Weltbevölkerung hat bereits eine Hepatitis-B-Infektion durchgemacht, weltweit sind ca. 6 % der Menschen chronisch infiziert. Deutschland zählt zu den Ländern mit eher niedrigem Infektionsrisiko: Etwa 0,6 % der Bevölkerung sind hier Virusträger.

Das Hepatitis-B-Virus (HBV) wird von Mensch zu Mensch in erster Linie durch Blut, in geringem Maße auch durch andere Körperflüssigkeiten weitergegeben. Kleinste Spuren einerseits, winzige Eintrittspforten andererseits (z. B. Wunden [2]) reichen zur Infektion aus. In etwa 69 % der Fälle werden die HB-Viren durch sexuellen Kontakt übertragen, weshalb promiskuitiv lebende Menschen die Hauptrisikogruppe darstellen. Infektionen erfolgen auch über kontaminierte Kanülen [3], z. B. bei medizinischem Personal, Dialyse-Patienten, i.v.-Drogensüchtigen oder beim Piercing u. Ä. Ist eine Schwangere HBV-positiv, besteht ein hohes Risiko, dass sich das Kind bei der natürlichen Geburt ansteckt.

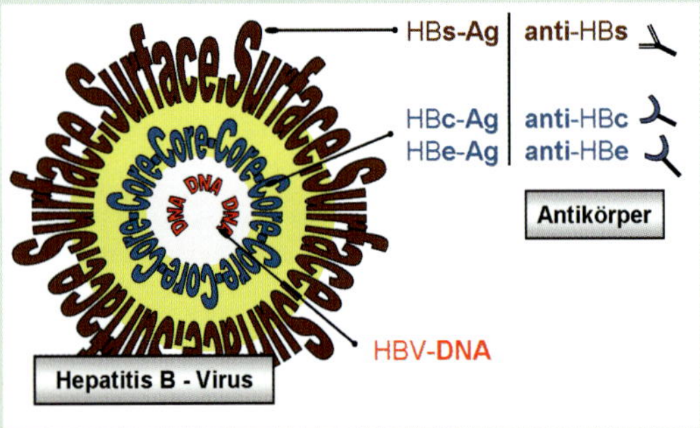

Abb. 1: **HBV-Antigene und die vom Mensch gebildeten Antikörper**

Die „Antwort" auf eine Infektion mit Hepatitis-B-Viren lässt sehr lange auf sich warten: Die Inkubationszeit beträgt zwei bis sechs Monate. Verschiedene Virus-Antigene (z. B. HBs-Ag) und die zur Abwehr gebildeten Antikörper (Abb. 1) sind im Blut frühestens sechs Wochen nach Ansteckung nachweisbar.

Nicht jede Infektion führt zwangsläufig zu einer Erkrankung; der weitere Verlauf hängt sehr von Alter, Geschlecht und Immunstatus ab. Meist verläuft die Infektion subklinisch, d. h. symptomlos oder mild. Bei einem Teil der Infizierten manifestiert sie sich in „klassischer" Form als akute ikterische Hepatitis: Abgeschlagenheit, Fieber, Übelkeit oder Gelenkschmerz stehen am Anfang, ebenso ein Druckschmerz im rechten Oberbauch. Tage später bricht die Gelbsucht (= Ikterus) aus, erkennbar an einer Gelbfärbung der Haut, einer Dunkelfärbung [4] des Urins, entfärbtem [5] Stuhl sowie Juckreiz. Der Ikterus hält mehrere Wochen an, aber den Patienten geht es von da an meist besser.

[1] C, D, E
[2] Verletzungen, Kratzer, Stiche, Schnitte, Abschürfungen
[3] Nadeln, Hohlnadeln, Spritzen
[4] Braun-, Grau-
[5] hellem

Die dramatisch verlaufende, „ fulminante “ Hepatitis, die wegen des akuten Leberversagens und der Hirnschädigung bedrohlich ist, muss intensivmedizinisch behandelt werden. Ansonsten werden Menschen mit akuter Hepatitis B symptomatisch behandelt, z.B. mit Bettruhe und fettarmer Kost. Lebertoxische Stoffe (z.B. Medikamente oder Alkohol) sind unbedingt zu ver meiden ! Fast immer heilt die Erkrankung vollständig aus und erwirkt eine Immunität gegen Hepatitis B (und indirekt gegen Hepatitis D).

Bleibt eine Hepatitis länger als sechs Monate bestehen (bzw. die Erreger im Körper), spricht man von einer chronischen Hepatitis. Diese kann aber auch ohne erkennbare vorhergehende Erkrankung entstehen! Bei gesunden Erwachsenen sieht man diesen Verlauf selten, bei Immungeschwächten häufiger, besonders oft aber ist er bei Kindern [1] . Ist die entzündliche Aktivität einer chronischen Hepatitis eher minimal [2] ausgeprägt, bleiben die Betroffenen weitgehend beschwerdefrei; in Ausnahmefällen ist gar eine spontane Ausheilung möglich. Eine höhergradige Entzündungsaktivität hingegen beeinträchtigt die Betroffenen sehr; sie erhöht zudem das Risiko für eine Leber zirrhose [3] , wie auch für ein Leberzell- karzinom .

Chronische Hepatitis
(Symptome bei höhergradiger Entzündungsaktivität):

- Müdigkeit [4] , Leistungsminderung, Reizbarkeit, Übelkeit, Druckschmerz im rechten Oberbauch, Hormonstörungen (v.a. Östrogen)
- Leber haut zeichen: „Lackzunge“, Gefäßspinnen, Hautatrophie, Weißnägel, Hand-/ Fußinnenflächenrötung, Juckreiz / Kratzspuren, Gelbsucht

Leberzirrhose
(zusätzlich Symptome im dekompensierten Endstadium):

- Blutungsneigung, Venenerweiterungen, Ösophagusblutungen
- Kachexie (= krankhafte Abmagerung [5])
- Aszites (= Bauchwassersucht), Beinödeme
- Hirnschädigung bis hin zum Leberausfall koma

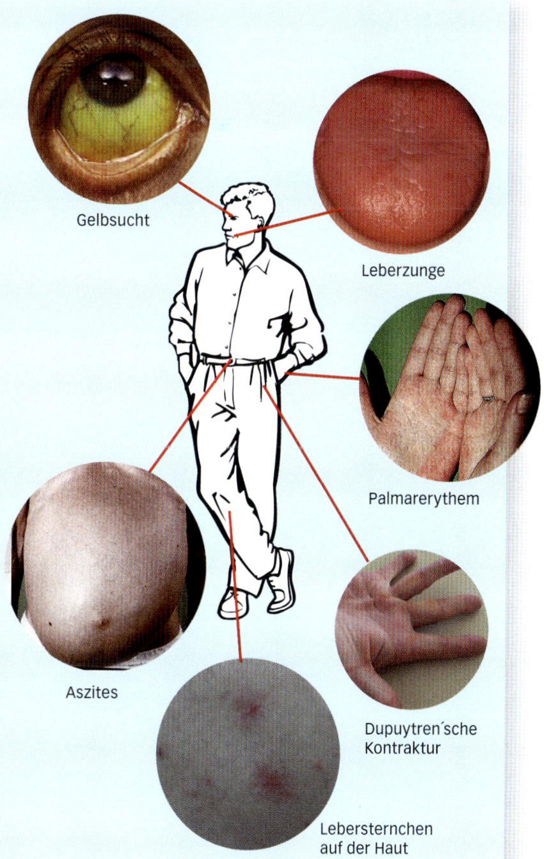

Abb. 2: **Leberhautzeichen**

[1] Kleinkindern, Säuglingen, Neugeborenen [2] gering, schwach, milde [3] verhärtung [4] Abgeschlagenheit
[5] Gewichtsabnahme

Eine Art „Patt" liegt vor, wenn die körpereigene Abwehr nicht vermag, die Viren vollständig aus dem Körper zu eliminieren [1]. Menschen mit dieser Konstellation zeigen keine Symptome, können aber für andere mehr oder minder infektiös sein. Man bezeichnet sie als „gesunde HBs-Ag- Träger".

Mithilfe einer spezifischen [2] Therapie gelingt es in etwa der Hälfte der Fälle, Menschen mit chronischer Hepatitis in den Status eines gesunden Trägers zu überführen. Selten wird eine vollständige Heilung erreicht. Die Behandlung dauert mindestens sechs Monate und ist umso effektiver, je früher sie beginnt. Mittel der ersten Wahl ist das Immunstimulans α- Interferon, welches die Viruselimination unterstützt. Nebenwirkungen sind jedoch häufig und es gibt viele Kontra indikationen; zudem kann es nur gespritzt werden. Als Ersatz stehen Virustatika wie Lamivudin oder Adefo [3] vir zur Verfügung. Sie sind oral einzunehmen, meist dauerhaft; Resistenzbildungen behindern jedoch oft die Therapie.

Die Prophylaxe zielt im privaten Bereich vor allem auf „ Safer Sex" sowie auf die personenbezogene Benutzung aller potenziell infektiösen Materialien (z.B. Rasierer [4], Nagelscheren oder Drogenbesteck). In medizinischen Einrichtungen steht die viruswirkame Desinfektion, Schutzkleidung und sichere Materialentsorgung im Vordergrund. Höchst bedeutsam ist die Gewährleistung reiner [5] Blutprodukte. Eine wirksame Form der Prävention ist die Impfung, insbesondere bei Risikopersonen. Bei Neugeborenen infizierter Mütter bzw. nach Stichverletzungen wird speziell die Simultan impfung angewandt.

Meldepflicht ?			an Gesundheitsamt	X	mit Namen	X	an Robert-Koch-Institut		anonym	
durch Arzt	stets bei Erkrankung	X	auch bei Verdacht	X	auch bei Tod	X	nur bei Häufung		nur im Sonderfall	
durch Labor	bei Erregernachweis	X								

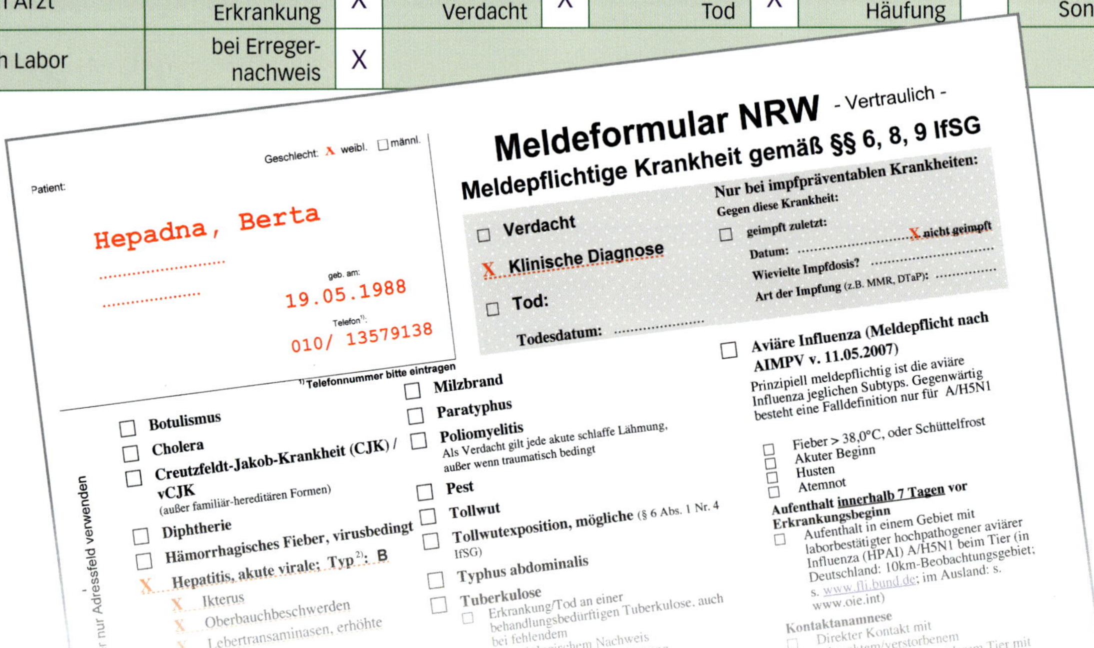
Meldeformular NRW - Vertraulich -

Meldepflichtige Krankheit gemäß §§ 6, 8, 9 IfSG

Patient: Hepadna, Berta

Geschlecht: X weibl. ☐ männl.

geb. am: 19.05.1988

Telefon[1]): 010/ 13579138

[1]) Telefonnummer bitte eintragen

☐ Verdacht
X Klinische Diagnose
☐ Tod:
Todesdatum: ....

Nur bei impfpräventablen Krankheiten:
Gegen diese Krankheit:
☐ geimpft zuletzt: X nicht geimpft
Datum: ....
Wievielte Impfdosis? ....
Art der Impfung (z.B. MMR, DTaP): ....

☐ Botulismus
☐ Cholera
☐ Creutzfeldt-Jakob-Krankheit (CJK) / vCJK (außer familiär-hereditären Formen)
☐ Diphtherie
☐ Hämorrhagisches Fieber, virusbedingt
X Hepatitis, akute virale; Typ [2]): B
X Ikterus
X Oberbauchbeschwerden
X Lebertransaminasen, erhöhte
☐ Fieber
☐ HUS (hämolytisch-urämisches ...

☐ Milzbrand
☐ Paratyphus
☐ Poliomyelitis
Als Verdacht gilt jede akute schlaffe Lähmung, außer wenn traumatisch bedingt
☐ Pest
☐ Tollwut
☐ Tollwutexposition, mögliche (§ 6 Abs. 1 Nr. 4 IfSG)
☐ Typhus abdominalis
☐ Tuberkulose
☐ Erkrankung/Tod an einer behandlungsbedürftigen Tuberkulose, auch bei fehlendem bakteriologischem Nachweis
☐ Therapieabbruch/-verweigerung
☐ Mikrobiell bedingte ...

☐ Aviäre Influenza (Meldepflicht nach AIMPV v. 11.05.2007)
Prinzipiell meldepflichtig ist die aviäre Influenza jeglichen Subtyps. Gegenwärtig besteht eine Falldefinition nur für A/H5N1
☐ Fieber > 38,0°C, oder Schüttelfrost
☐ Akuter Beginn
☐ Husten
☐ Atemnot
Aufenthalt innerhalb 7 Tagen vor Erkrankungsbeginn
☐ Aufenthalt in einem Gebiet mit laborbestätigter hochpathogener aviärer Influenza (HPAI) A/H5N1 beim Tier (in Deutschland: 10km-Beobachtungsgebiet; s. www.fli.bund.de; im Ausland: s. www.oie.int)
Kontaktanamnese
☐ Direkter Kontakt mit erkranktem/verstorbenem Vogel/Geflügel oder anderem Tier mit möglicher HPAI oder dessen ...

Drucker nur Adressfeld verwenden

Abb. 3: **Meldeformular – Beispiel für eine Meldung**

[1] entfernen [2] gezielten [3] Tenofo-, Entaca-
[4] Bartscheren, Rasiermesser, -klingen, Tätowier-, Piercingnadeln, Nagel-, Zahnbürsten, … [5] kontrollierter, geprüfter, „sicherer"

Hepatitis B – mögliche Verläufe

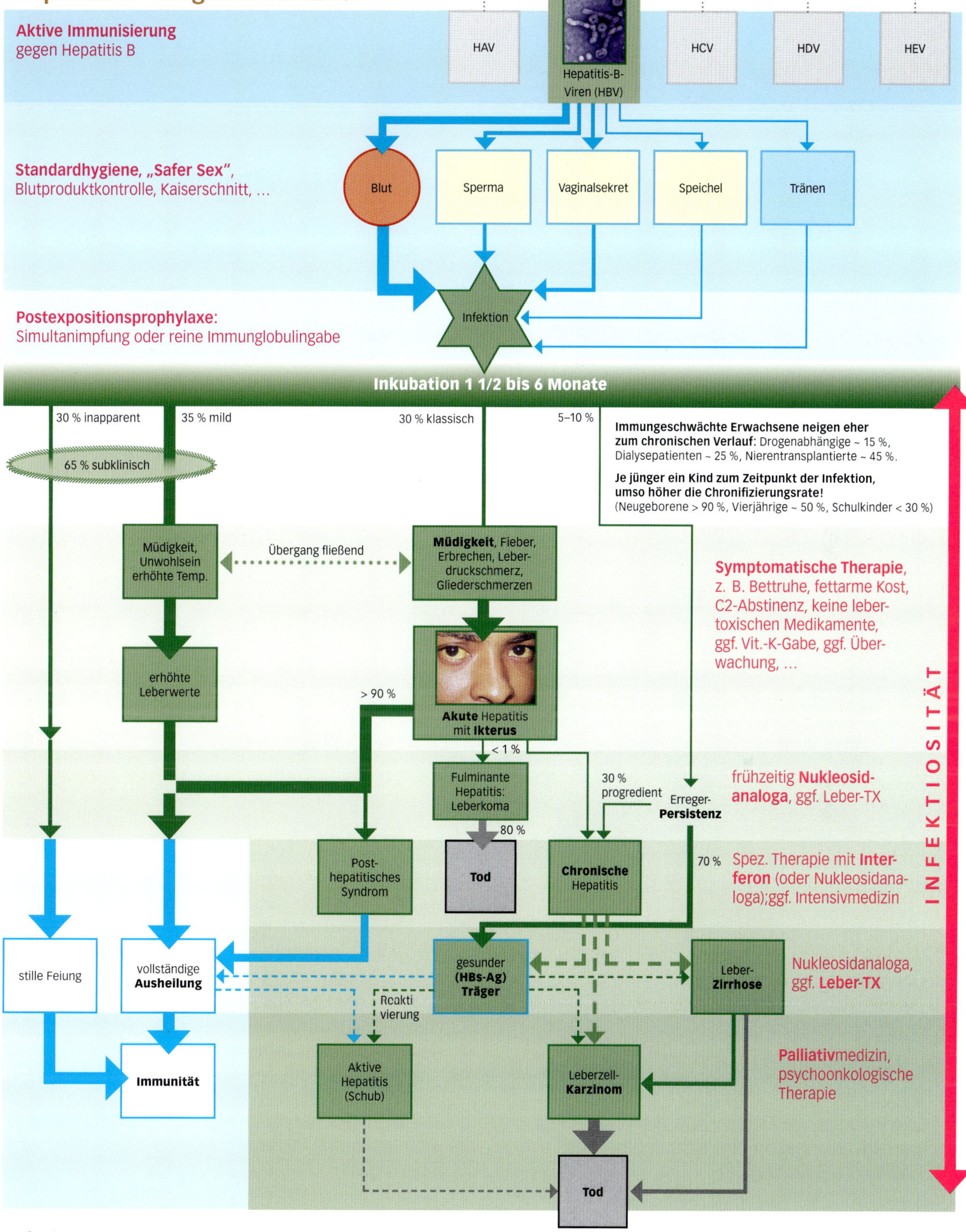

Aufgaben:

- **Hauptverlauf:** Folgen Sie dem häufigsten Verlauf.
  via Blut → milde Symptome → vollständige Ausheilung → Immunität
- **Infektiosität:** Markieren Sie, in welcher Zeit ein Infizierter ansteckend ist. *Solange Hbs-Ag + HB-DNA im Blut nachweisbar sind. Am Ende der Inkubationszeit und bei Schüben ist die Ansteckungsgefahr besonders hoch. Gesunde Träger sind hingegen nur gering infektiös.*
- **Maßnahmen:** Notieren Sie im Diagramm Schritt für Schritt in Stichworten, wie sich die Infektion verhindern oder ein Mensch behandeln lässt.

Infektion mit Hepatitis-B-Viren

1 Benennen Sie mind. zwei **Besonderheiten** der HBV-Infektion im Vergleich zu anderen Infektionskrankheiten.

I. **Sehr lange Inkubationszeit:** mehrere Wochen bis Monate
II. **Große Vielfalt an Verläufen** [1]: inapparent / mild / akute, ikterische Hepatitis / inaktiver Träger / chron. Hepatitis mit niedrig-entzündlicher Aktivität oder mit schwerwiegenden Folgeerkrankungen
III. Risikozunahme einer **Leberzirrhose** und eines Leberzell-**Karzinoms**

2 Zur Diskussion: Bei einer Kampagne waren Jugendliche an allgemeinbildenden Schulen aufgerufen, sich gegen HBV impfen zu lassen. Als Anreiz wurde Schulen mit besonders vielen Impfwilligen eine Belohnung in Aussicht gestellt. Im Text fanden sich Sätze wie „Hepatitis B kann nicht oder nur selten mit Medikamenten geheilt werden" und „Lass dich impfen und dir kann nichts mehr passieren". Wie beurteilen Sie die zitierten Sätze angesichts Ihres jetzigen Wissensstandes?

- Satz 1: „Hepatitis B kann nicht oder nur selten mit Medikamenten geheilt werden": Welche Hepatitis ist gemeint? **Die akute Hepatitis muss fast nie mit Medikamenten behandelt werden**, da sie in über 95 % der Fälle von selbst folgenlos ausheilt. Dass eine medikamentöse Behandlung überhaupt notwendig würde, gilt nur für einen kleinen Teil der Infizierten. Bezüglich der **chronischen Hepatitis** träfe der Satz weitgehend zu: Eine Heilung tritt nur selten ein. In ca. 50 % der Fälle erreicht man aber **mit Medikamenten zumindest eine Besserung**, z.B. den Zustand eines „gesunden Trägers". Dadurch minimiert sich das Risiko von Folgeerkrankungen sehr.
- Satz 2: „Lass dich impfen und dir kann nichts mehr passieren": Die **HBV-Impfung ist sehr effektiv und schützt in den meisten Fällen** vor einer HBV- Infektion (und indirekt auch vor einer HDV-Infektion). Es gibt aber ca. 5 % Non-Responder, d.h. Menschen, die nach Impfung keine schützenden Antikörper entwickeln. Bei Impfungen im Kindesalter ist nicht immer sicher von einem langjährigen Schutz auszugehen. „Passieren" kann also durchaus etwas. Außerdem kann es – wenn auch selten – zu **Nebenwirkungen** kommen. Ausgeblendet werden durch den Satz noch **andere Gefahren:** So ist es weiter sinnvoll, im Zweifelsfall ein Kondom zu verwenden, denn das Risiko einer HIV- oder einer Hepatitis-C-Infektion bleibt weiter bestehen!

Kreuzworträtsel

1. Man unterscheidet die ... von der chron. Hepatitis B
2. ‚Hepatitis' ist der Fachausdruck für ...entzündung
3. Übersetzung für ‚Aszites': die ...
4. Eine Meldepflicht für Hepatitis B besteht bereits bei ... auf die Erkrankung
5. Hauptübertragungsmedium für HBV ist das ...
6. Neben den Viren ein Hauptauslöser für die Leberzirrhose: der ...
7. Eine Infektion mit HBV verläuft nicht selten sub ...
8. Die Leberzirrhose ist eine gefürchtete ... der Hepatitis-B-Infektion
9. In den allermeisten Fällen ... die Hepatitis-B-Infektion bei Erwachsenen folgenlos aus.
10. Medikament der 1. Wahl, welches man bei chronischer HB-Infektion gibt: ...-Interferon
11. Das Auftauchen von ...- HBs signalisiert die Ausheilung einer HB-Infektion
12. Um eine HBV-Infektion zu verhindern, bietet sich ‚... Sex' an
13. Das zeitgleiche Einleiten einer aktiven + passiven Immunisierung nennt man ...impfung
14. ‚Der Schmerz der Leber ist die ...'
15. Weißnägel, Gefäßspinnen und Lackzunge zählen zu den ...zeichen
16. Unangenehm bei Gelbsucht ist der quälende ...
17. Durch eine chronische Hepatitis B-Infektion steigt das Risiko für ein Leberzell-...
18. Die östrogenbedingte Brustzunahme des Mannes nennt man Gynäko...
19. Der färbt sich dunkel im Rahmen einer Gelbsucht: ...
20. Die Hepatitis B - Viren werden von Mensch zu ... übertragen
21. Kommt es im Rahmen einer Hepatitis-B-Infektion zur Gelbsucht, spricht man von einer ... Hepatitis
22. Kurzform für ‚Hepatitis-B-Virus'
23. Hepatitis B wird nicht selten übertragen durch kontaminiertes Drogen...

[1] Grund für Vielfalt: Symptome sind **Folgen der individuellen Immunreaktion** auf die Viren, werden nicht unmittelbar durch die Viren selbst hervorgerufen.

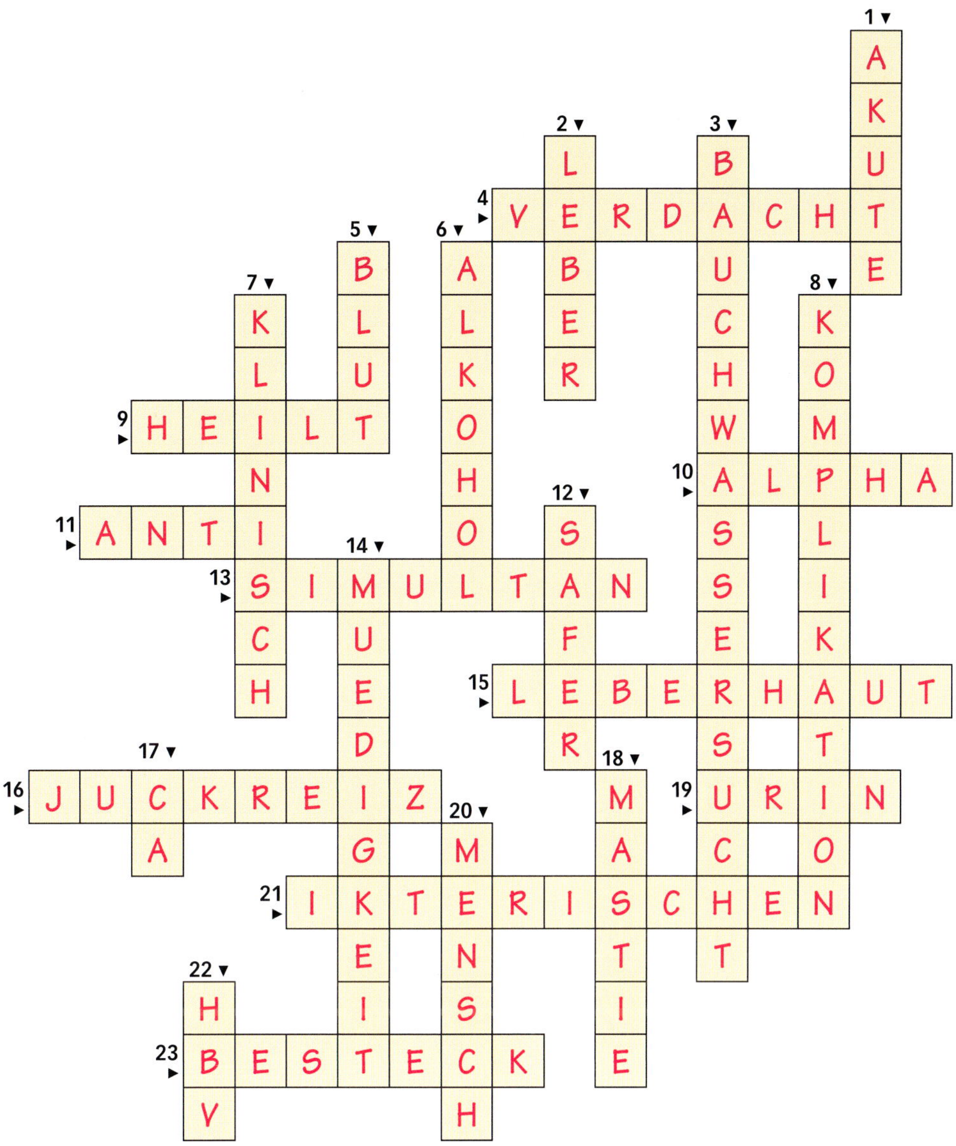

Quiz

Markieren Sie die richtige Antwort.

1. Relativ **am meisten gefährdet** für eine Hepatitis B-Infektion sind Menschen im Alter von ...

A: 0–1 Jahr	B: 1–19 Jahren
C: 25–45 Jahren	D: 67–99 Jahren

2. *Kein* Hinweis auf eine **Gelbsucht** wäre ...

A: eine Entfärbung des Stuhls	B: eine Braunfärbung des Urins
C: eine Gelbfärbung der „weißen Augenhaut" (Sklera)	D: eine Blaufärbung der Zunge

3. Die Gefahr, dass eine HBV-**positive Schwangere ihr Kind infiziert**, ist in hohem Maße gegeben ...

A: durch den Übertritt des Virus in der Plazenta	B: im Rahmen einer natürlichen Geburt
C: im Rahmen eines Kaiserschnitts	D: über die Hände bei jeder Berührung des Bauches

4. Beträgt der Wert **„Anti-HBs"** drei Wochen nach der dritten Hepatitis B-Impfung ≥ **100 IU/l** ...

A: kann von einer lebenslangen Immunität ausgegangen werden	B: ist die/der Geimpfte für mindestens 10 Jahre vor einer Hepatitis-B-Infektion geschützt
C: muss erneut mit höherer Dosis geimpft werden	D: gilt die Impfung als erfolglos („Non-Responder")

5. Die **Inkubationszeit** beträgt bei der Hepatitis B ...

A: 12–72 Stunden	B: 7–10 Tage
C: 3–6 Wochen	D: 1 $^1/_2$–6 Monate

6. Bezüglich der **Hepatitis-B-Impfung** gilt ...

A: zur Grundimmunisierung reicht eine Gabe aus	B: Eine Auffrischung ist 1x nach 20 Jahren notwendig
C: Sie ist als Schluckimpfstoff erhältlich	D: Sie kann mit der Hepatits-A-Impfung kombiniert werden

7. Das (in der Hülle befindliche) **Oberflächenantigen des Hepatitis-B-Virus** bezeichnet man als ...

A: HbA_{1C}	B: HBs-Ag
C: HBc-Ag	D: anti-HBe

8. Die **Ausheilung einer Hepatitis B** wird in 90 % der Fälle signalisiert durch den Nachweis von ...

A: HBV-DNA	B: Anti-HBc (IgG)
C: HBs-Ag	D: Anti-HBs

9. *Keine* gute Idee, um sich vor Hepatitis B zu **schützen** ist, ...

A: sich gegen Hepatitis B impfen zu lassen	B: mit mehreren Mitbewohnern eine Zahnbürste zu teilen
C: Kondome zu verwenden	D: beim Blutabnehmen Einweghandschuhe zu tragen

10. Die Wahrscheinlichkeit einer Chronifizierung nach einer HBV-Infektion ist mit Abstand am **höchsten** bei ...

A: Neugeborenen	B: Schulkindern
C: Jugendlichen	D: Erwachsenen

11. *Kein* Hinweis auf eine **akute Hepatitis B-Infektion** wäre(n) ...

A: Abgeschlagenheit und Müdigkeit	B: Fieber
C: Schmerzen im linken Arm	D: Druckschmerz im rechten Oberbauch

12. Bei **Säuglingen und Kleinkindern** verläuft die Hepatitis-B-Infektion ...

A: meist fulminant	B: in ca. 90 % der Fälle unerkannt
C: zu 50 % als klassische Hepatitis mit Ikterus	D: mit Ikterus ohne erhöhte Leberwerte

13. **Fäkal-oral** übertragen wird allein ...

A: HCV (Hepatitis-C-Virus)	B: HDV (Hepatitis D-Virus)
C: HEV (Hepatitis-E-Virus)	D: HIV (Humanes Immundefizienz-Virus)

14. Ist ein **gesunder Erwachsener** an Hepatitis B **erkrankt**, ...

A: stirbt er unweigerlich an akutem Leberversagen	B: heilt die Erkrankung in ca. 95 % der Fälle aus
C: erwirbt er eine Immunität für maximal 6 Monate	D: verläuft die Erkrankung fast immer chronisch

15. *Nicht* zu den **Leberhautzeichen zählt** ...

A: die „Lackzunge" (rot-glänzende, trockene Zunge)	B: der Spider naevi (= spinnenförmige Gefäßneubildung der Haut)
C: das Palmarerythem (= Rötung der Handinnenfläche)	D: die Vitiligo (= Weißfärbung der Haut)

16. Der **Ikterus** im Rahmen einer akuten Hepatitis **klingt üblicherweise ab** innerhalb von …

A: 12–48 Stunden	B: 1–3 Tagen
C: 4–8 Wochen	D: 3–6 Monaten

17. Unter den möglichen Komplikationen einer HBV-Infektion hat die **schlechteste Prognose** …

A: die akute Hepatitis	B: die chronische Hepatitis
C: die Leberzirrhose	D: das Leberzellkarzinom

18. Das Vorhandensein von **Viren im Blut** bezeichnet man als ...

A: Virämie	B: Virulenz
C: Virilität	D: Virginität

19. Die **weltweit häufigste Virushepatitis** ist die ...

A: Hepatitis A	B: Hepatitis B
C: Hepatitis C	D: Hepatitis D

20. Ein deutlicher **labortechnischer Hinweis** auf eine **Leberentzündung** ist der ...

A: Anstieg der Transaminasen GPT und GOT	B: Anstieg der Creatinkinase CK-MB
C: Anstieg der Retentionswerte Kreatinin und Harnstoff	D: Anstieg der Troponine I und T

21. Die vergleichsweise **niedrigste Durchseuchungsrate** an Hepatitis B findet sich in ...

A: Australien	B: Spanien
C: China	D: Kenia

22. **Sexuell übertragen** werden Hepatitis-B-Viren in ca. ...

A: 10 % der Fälle	B: 36 % der Fälle
C: 69 % der Fälle	D: 99 % der Fälle

23. Zur **Risikogruppe** in Bezug auf eine HBV-Infektion zählt / zählen *nicht* ...

A: medizinisches Personal	B: Krankenversicherungsangestellte
C: i.v.-Drogengebraucher	D: Dialyse-Patienten

24. Das Restrisiko, dass eine **Blutspende** in Bezug auf Hepatitis B **infektiös** ist, beträgt ca. …

A: 1 : 100	B: 1 : 3 000
C: 1 : 350 000	D: 1 : 10 000 000

25. Eine **Hepatitis-B-Impfung schützt indirekt auch** vor einer ...

A: Hepatitis A	B: Hepatitis E
C: Hepatitis C	D: Hepatitis D

26. Die Wahrscheinlichkeit, **sich nach einer Nadelstichverletzung mit HBV zu infizieren**, liegt bei ca. ...

A: 0,3 %	B: 10 %
C: 30 %	D: 99 %

27. *Kein* **Leberhautzeichen** ist / sind ...

A: die Lacklippen	B: die Lackzunge
C: der Lack-Body	D: die Weißnägel

28. *Nicht* zu den **typischen Komplikationen einer Leberzirrhose** zählt/zählen ...

A: der Aszites	B: Blutungen aus Ösophagusvarizen
C: die Hepatische Enzephalopathie	D: die Herzinsuffizienz

29. Die **sicherste** Methode, um das Hepatitis-B-Virus zu **inaktivieren**, ist ...

A: das Abkühlen auf – 10 °C für mind. 10 Minuten	B: die Hitzebehandlung bei 98 °C für mind. 2 Min.
C: das Tränken in 14 %igem Alkohol für 2 Minuten	D: das Zerquetschen unter einer Gummiradwalze für 4 Min.

30. Das **Hepatitis-D-Virus** (HDV) ...

A: löst als vollständiges Virus eine Infektion aus	B: kann sich nur in Kombination mit HBV vermehren
C: wird hauptsächlich fäkal-oral übertragen	D: begünstigt den Verlauf einer Hepatitis B

31. Wird die **Leber** als Folge einer Hepatitis-B-Infektion **massiv geschädigt**, spricht man von einer ...

A: akuten Hepatitis	B: fulminanten Hepatitis
C: chronischen Hepatitis	D: toxischen Hepatitis

32. Ist ein Mensch symptomloser, chronischer **Träger von Hepatitis-B-Viren**, ist dies insofern problematisch, da er ...

A: für andere infektiös bleibt	B: mit Sicherheit einen Leberkrebs entwickeln wird
C: kein Fett mehr essen darf	D: ein Leben lang auf Medikamente angewiesen ist

33. Der Fachausdruck für Leberverhärtung bzw. **„Schrumpfleber"** heißt ...

A: Zimtrose	B: Zistrose
C: Zierrose	D: Zirrhose

34. **HBV** ist im Verhältnis **zu HIV ...**

A: um ein Vielfaches infektiöser	B: maximal doppelt so infektiös
C: in gleicher Weise infektiös	D: deutlich weniger infektiös

HIV-Infektion / AIDS

Vervollständigen Sie den Text:

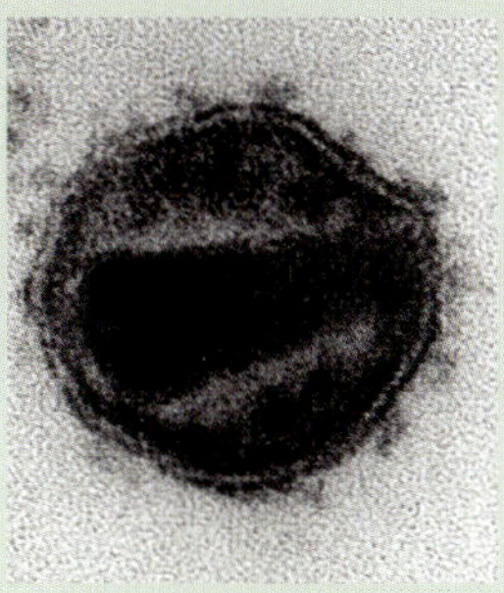

HIV

Das „**H**umane **I**mmun schwäche[1] - **V**irus" (HIV) befällt Zellen des Immunsystems und mindert hierdurch die Abwehrfähigkeit eines Menschen in langfristig lebensbedrohlichem Maße. Weltweit sind mindestens 33 Millionen Menschen mit dem Virus infiziert; in Deutschland sind über 60 000 Menschen betroffen, mehrheitlich Männer, und etwa 200 Kinder.

In allererster Linie wird HIV über sexuellen[2] Kontakt und Blut übertragen. Die im Genitalsekret befindlichen Viren können über die Schleim haut eindringen. Menstruationsblut, Geschlechts-krankheiten oder Sexualpraktiken mit vermehrter Verletzungsgefahr (z. B. Anal verkehr) vervielfachen die Wahrscheinlichkeit der Ansteckung. Die Übertragung über das Blut erfolgt v. a. bei Nutzung gemeinsamen Drogen bestecks, während von Transfusionen bzw. Blutprodukten hierzulande nur ein verschwindend geringes Risiko ausgeht. Generell besteht eine Gefahr immer dann, wenn virenhaltiges Blut in die Blutbahn des anderen gerät, etwa über Stich[3] verletzungen im medizinischen Umfeld oder eine frische Wunde. Während der Schwangerschaft und im Rahmen der Geburt kann sich ein Kind anstecken; auch die Mutter milch ist infektiös. (Die in Speichel, Tränen, Kot, Urin oder Schweiß vorhandene Virusmenge reicht hingegen *nicht* für eine Infektion aus, *ebenso wenig* dienen Mücken[4] oder Haustiere als Überträger. Die Viren sind nicht sehr widerstandsfähig und überleben außerhalb des Körpers / von Blut nur kurz.)

Die Viren befallen verschiedene Immunzellen, v. a. T-Helfer-Zellen (= CD 4 -Lymphozyten). Als Antwort werden fortlaufend neue Abwehrzellen gebildet, ebenso Antikörper. Die Viren entgehen jedoch immer wieder geschickt der Abwehr, da sie sich fortlaufend verändern[5]. Perfiderweise regen neue Varianten eine selbstzerstörerische Immunantwort an: Vermehrt sich eine infizierte Zelle, vermehrt sich zugleich das Virus, welches ihr seine Erb information einverleibt hat. Das Verhältnis von Virus last[6] und CD4-Zellzahl wird in mehrmonatigen Abständen gemessen, da es Rückschlüsse auf Aktivität und Prognose zulässt.

Die Infektiosität steigt mit der Viruslast – sie ist am höchsten bei frischer[7] Infektion und im End[8] stadium von AIDS. Als in direkten Hinweis auf HIV lassen sich 4 - 12 Wochen nach Infektion Antikörper nachweisen. Der direkte Nachweis gelingt früher. Der Test ist nur nach Beratung und Einwilligung[9] der Testperson zulässig.

Bei einem Teil der Infizierten treten wenige Tage bis Wochen nach Infektion grippe-ähnliche Symptome auf, z. B. Fieber, Müdigkeit und Kopf[10] schmerzen ; diese „ akute HIV-Krankheit" klingt nach weiteren

[1] -defizienz,-defekt
[2] geschlechtlichen
[3] Schnitt-
[4] Insekten, Zecken
[5] verwandeln
[6] -konzentration, -menge
[7] neuer, akuter
[8] Final-, Terminal-, Voll-
[9] Einverständnis, Erlaubnis, Zustimmung
[10] Hals-

Wochen spontan ab. Viele Jahre besteht eine symptom lose[1] Latenzphase. Die Formen entsprechen der Kategorie A.

Die zunehmende[2] Schwächung des Immunsystems, die meist mit einem Absinken der T4-Zellen und steigender Viruslast einhergeht, zeigt sich z. B. am Auftreten opportunistischer Infektionen (Erreger ergreifen die „günstige Gelegenheit" einer Abwehrlücke). Solange die Infektionen mit HIV assoziiert sind, zählen sie, wie z. B. auch eine chronische Diarrhö oder Nervenschädigungen, zur Kategorie B.

AIDS

Treten bestimmte Krankheitszustände auf, welche zur Kategorie C zählen, spricht man vom „Erworbenen Immundefektsyndrom" (engl. **A**cquired **I**mmune **D**eficiency **S**yndrom, kurz AIDS). Ohne Therapie entwickelt sich das Vollbild durchschnittlich 10 Jahre nach Infektion. Es kann auch relativ abrupt[3] auftreten, ohne Stadium B durchlaufen zu haben. Die opportunistischen Infektionen verlaufen oft atypisch und sind schwierig zu behandeln. Sie stellen zusammen mit den Tumoren die Haupttodesursache dar.

AIDS-definierende Erkrankungen

Opportunistische Infektionen, z. B.

Pilze:
- Pneumocystisjiroveci-Pneumonie (PcP) → Fieber, Husten und Atem not
- Candidose der Speiseröhre → Brennen beim Schlucken, Schmerz

Protozoen:
- Zerebrale Toxoplasmose → Hirn abszesse. Folge: Psychosyndrom und Krampfanfälle. Durch Katzen und rohes Fleisch übertragbar

Bakterien:
- Tuberkulose (Tbc) → Auszehrung, Atemnot, Bluthusten. Verantwortlich für 30 % der AIDS-Todesfälle!

Freddie Mercury, der begnadete Lead-Sänger der Band Queen, starb 1991 an den Folgen einer Pneumonie im Rahmen von AIDS.

Viren:
- Herpes simplex → bleibende Geschwüre im Gesichts- oder Genital bereich.
- Cytomegalievirus (CMV) → Netzhautbefall führt untherapiert in 30 % zur Erblindung!

Bösartige Tumoren, z. B.:
- Kaposi-Sarkom: Braunbläuliche Flecken auf der Haut oder im Mund. Tumor der Gefäßwand, häufigste Krebsform bei HIV. Befall innerer Organe möglich. Es besteht Blutungs gefahr!
- Zervix karzinome, hervorgerufen durch Humane Papilloma-Viren (HPV).

Enzephalopathie: Hirn funktionsstörung mit Demenz, Depression, Gangstörung

Wasting-Syndrom: Gewichtsverlust (> 10 %) + chronische Diarrhö (nicht erregerbedingt)

[1] -freie [2] fortschreitende [3] unvermittelt, plötzlich, unerwartet, rasch

Therapie

1. Allgemein: gesunde Lebensführung und Vermeidung abwehrschwächender Faktoren
2. Spezifisch: hoch aktive, anti retro virale Therapie
3. Prophylaxe und Behandlung opportunistischer Infektionen und anderer Komplikationen
4. Psycho soziale Unterstützung

Zu 2.: Zur Aufnahme einer „**h**och **a**ktiven **a**nti**r**etroviralen **T**herapie" (kurz HAART) wird spätestens geraten, sobald Laborwerte oder Symptome auf einen Immundefekt hinweisen; ggf. auch schon früher. Durch eine Kombination verschiedener Medikamentengruppen wird die Virusvermehrung von allen Seiten gehemmt. Wenngleich die Viruslast oft unter die Nachweisgrenze sinkt, ist eine Heilung bislang nicht möglich; die Therapie ist daher lebenslang fortzusetzen. Um Resistenzbildung zu vermeiden, müssen die Medikamente regelmäßig [1] eingenommen werden; dies erfordert, nicht zuletzt wegen der erheblichen Nebenwirkungen, eine hohe Compliance [2] von den Betroffenen!

Zu 3.: Um schwerere Begleitinfektionen zu vermeiden, werden vorbeugend oft Impfungen empfohlen. Möglich ist auch eine medikamentöse Prophylaxe, z. B. mit Antibiotika.

Zu 4.: Viele Betroffene leiden unter der unheilvollen Prognose; die Therapie kann jederzeit versagen, die Nebenwirkungen können heftig sein. Hinzu kommt die Angst [3] vor sozialer Ausgrenzung; wird die Infektion verheimlicht, stellt dies gleichsam eine Belastung dar; beides kann in eine Depression führen. Ein Teufelskreis entsteht, wenn die Betroffenen aus psychischer Beeinträchtigung heraus die Medikamente nicht mehr richtig einnehmen. Eingeschränkte Arbeitsfähigkeit wiederum kann in finanzielle Engpässe führen. Hilfreich für Betroffene / Angehörige sind Beratungsstellen, Selbsthilfe initiativen zum offenen Erfahrungsaustausch und psychotherapeutische Begleitung. Ebenso wesentlich ist eine wertfreie, empathische Zu wendung durch alle in die Betreuung Eingebundenen.

Durch eine frühzeitige konsequente und effektive Behandlung lässt sich der Ausbruch von AIDS hinauszögern, oftmals sogar verhindern , und eine fast normale Lebenserwartung erreichen. Dank der therapeutischen Möglichkeiten ist die Sterblichkeit enorm gesunken. Bei denen, die bereits an AIDS erkrankt sind, können günstigenfalls Immunstatus und Lebensqualität verbessert und die Überlebenszeit verlängert werden; das gilt jedoch nur eingeschränkt bei Vorhandensein von Malignomen oder bestimmten Begleitinfektionen. Auch bei Resistenzbildung ist die Prognose äußerst un günstig (die virale Empfindlichkeit ist daher vor Therapiebeginn zu prüfen). Eine Impfung steht bislang nicht zur Verfügung.

Meldepflicht ?			an Gesundheitsamt		mit Namen		an Robert-Koch-Institut	X	anonym	X
durch Arzt	stets bei Erkrankung		auch bei Verdacht		auch bei Tod		nur bei Häufung		nur im Sonderfall	
durch Labor	bei Erregernachweis	X	*zusammen mit klinischen Daten*							

[1] konsequent, verlässlich, zuverlässig [2] Einnahmetreue, Therapietreue, Disziplin [3] Sorge, Panik

HIV-Infektion– mögliche Verläufe

Bei älteren Kindern und Jugendlichen ähnelt der Verlauf dem der Erwachsenen. Bei Kindern hingegen, die sich bereits prä- oder perinatal infiziert haben, weicht der Verlauf von dem hier Beschriebenen ab.

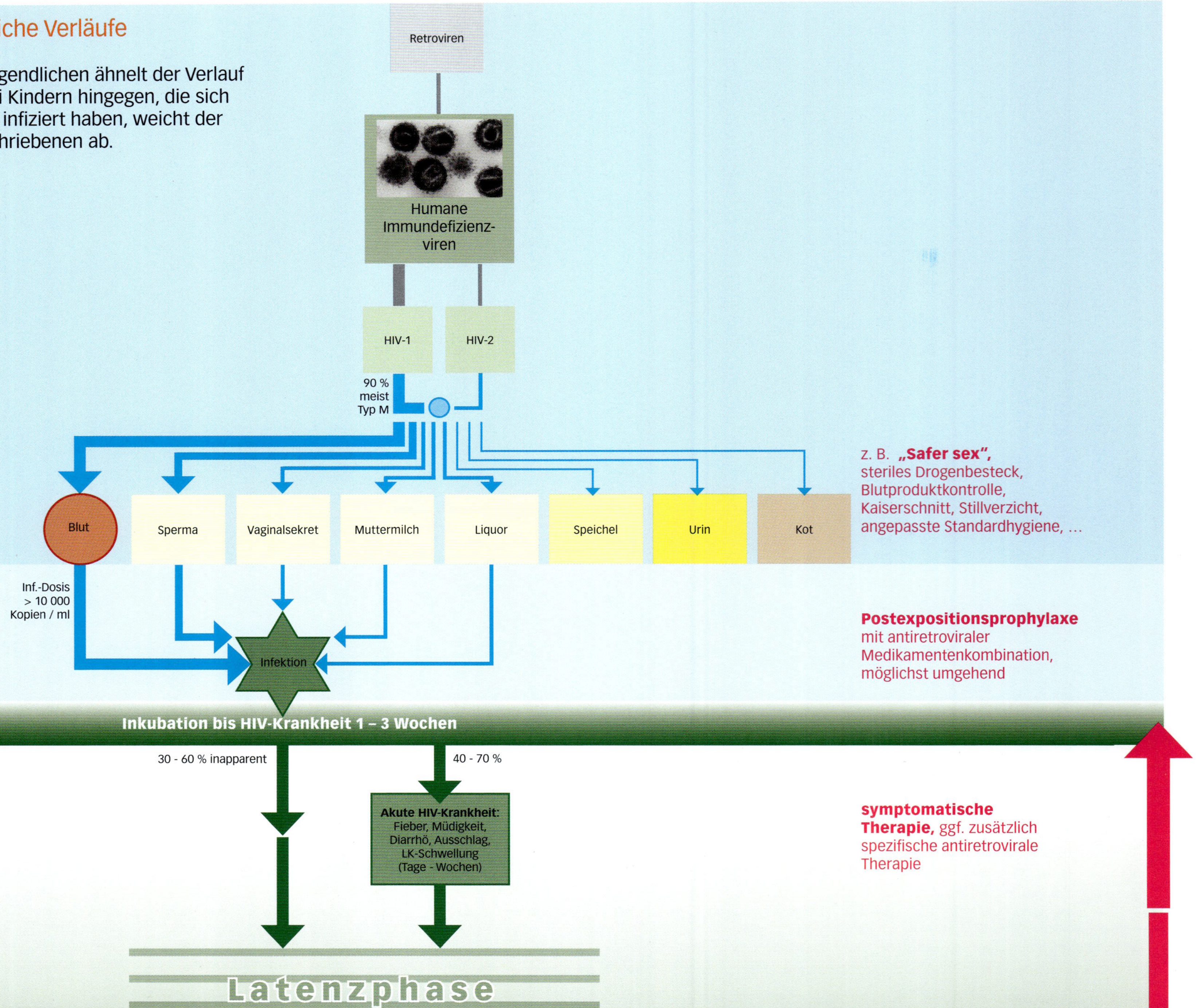

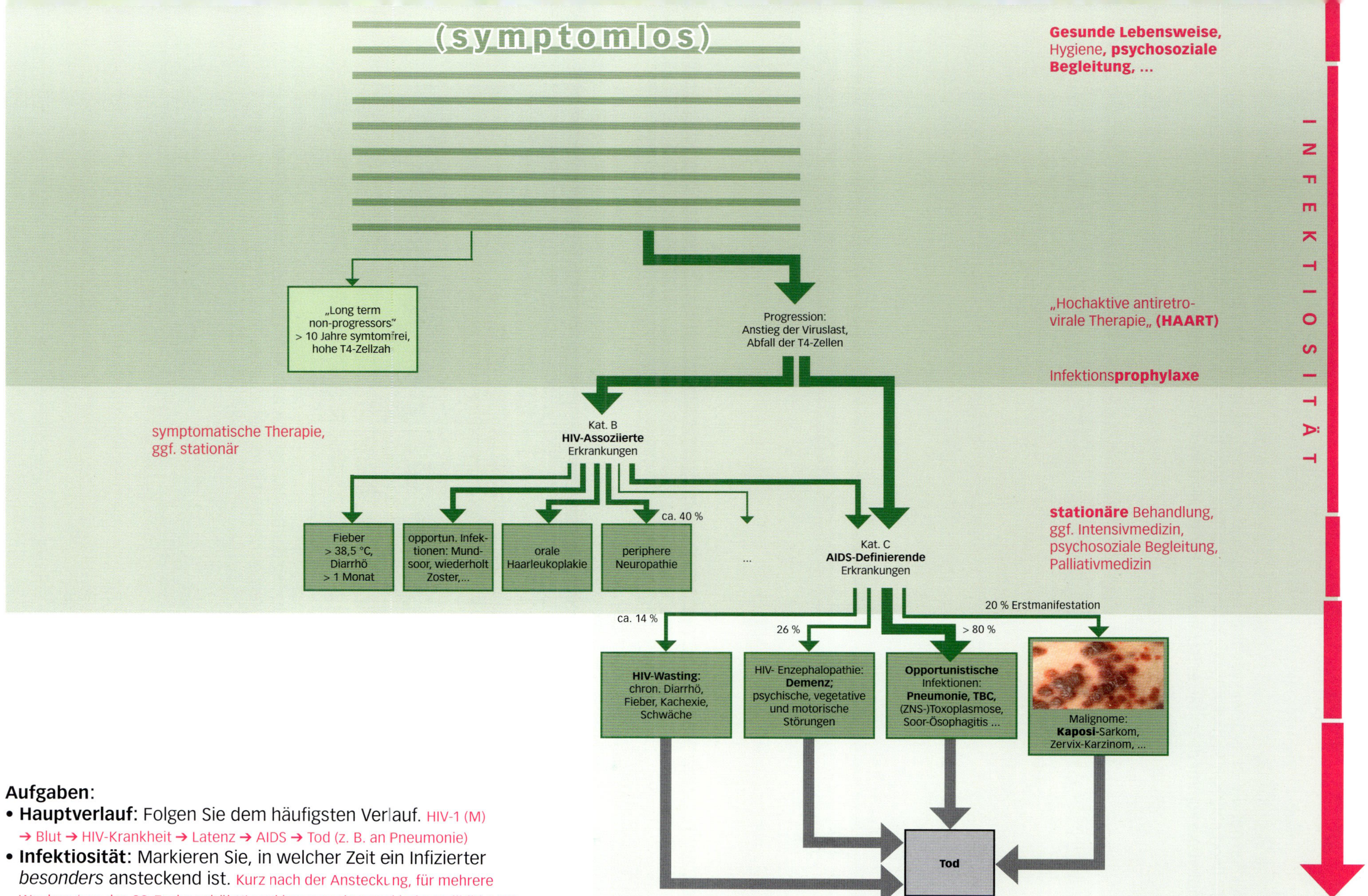

Aufgaben:

- **Hauptverlauf**: Folgen Sie dem häufigsten Verlauf. HIV-1 (M) → Blut → HIV-Krankheit → Latenz → AIDS → Tod (z. B. an Pneumonie)
- **Infektiosität**: Markieren Sie, in welcher Zeit ein Infizierter *besonders* ansteckend ist. Kurz nach der Ansteckung, für mehrere Wochen (um das 30-Fache erhöht!) und kurz vor dem Tod beim Vollbild AIDS
- **Maßnahmen**: Notieren Sie Schritt für Schritt Möglichkeiten der Prävention und/oder der Behandlung.

HIV-Infektion

Aufgaben

1 Eine Infektion mit HIV ist nach wie vor nicht heilbar und es bedarf regelmäßig einzunehmender Medikamente mit nicht unerheblichen Nebenwirkungen, um das Stadium AIDS hinauszuzögern / nicht erreichen zu lassen. Der **Prophylaxe** kommt daher die entscheidende Funktion zu. Worin besteht diese?

- **„Safer Sex"!** Im Zweifelsfall immer **Kondome,** und zwar von Beginn an! (Bei Analverkehr auf spezielle und dickwandige Kondome achten, da anderes Milieu und höhere Beanspruchung!) **Wasserlösliche** Gleitmittel erlaubt, fetthaltige Substanzen nicht! Bei anderen Sexualpraktiken Verwendung eines **Lecktuches** („dental dam"), bei Oralverkehr **kein Sperma aufnehmen.** Bei „Unfall" Flüssigkeiten so gut wie möglich von der Schleimhaut spülen.
- Bestmögliche **Behandlung von Begleitinfektionen** / Geschlechtskrankheiten
- Vor Wundversorgung / Blutabnahme / ärztlichen Eingriffen u.Ä. ➔ **Schutzhandschuhe und -kittel anlegen** (+ Mund-Nasen-Schutz, wenn Blutspritzer zu erwarten). Kontaminierte Stellen sofort gründlich mit Wasser und Seife abwaschen, ggf. Arzt aufsuchen. (Infizierte sind nicht zur Information über ihren Status verpflichtet – die hygienischen Maßnahmen sollten immer einen sicheren Eigenschutz gewährleisten!)
- Benutzung von **sterilem Spritzbesteck** bei i.v.-Drogengebrauch.
- Nach Exposition, z.B. Nadelstichverletzung ➔ **Postexpositionsprophylaxe** mit antiretroviraler Medikation. Beginn möglichst innerhalb der ersten 2 Stunden, spätestens 72 Stunden nach Exposition, 4 Wochen lang. Z.T. starke Nebenwirkungen. Eine Infektion wird nicht garantiert verhindert. Daher nur in Ausnahmefällen!
- Bei HIV-positiven Schwangeren ➔ angepasste, **antiretrovirale Therapie während Schwangerschaft,** ggf. auch unter Geburt + ggf. **Kaiserschnitt** in 38. SSW + **Postexpositionsprophylaxe beim Neugeborenen + Stillverzicht**
- Bei Bluttransfusionen / -produkten ➔ **Testung der Blutspende** auf HIV, anonyme Spenderbefragung, Quarantänelagerung von Frischplasma, Überwachung des Spendewesens, Eigenblutspende vor geplanter OP u.a.m.

2 Der Comic spielt auf eine verbreitete Einschätzung der Bevölkerung an. Wie sieht die Wirklichkeit aus? Recherchieren Sie **aktuelle Daten** in Deutschland. Vergleichen Sie sie mit der Situation im südlichen Afrika und weltweit.

- Deutschland, 2008, geschätzte Übertragungswege bei Neuinfizierten: **sexuelle Kontakte zwischen Männern ca. 72 % / heterosexuelle Kontakte ca. 20 % / „Needle Sharing" ca. 8 %** / von der Mutter auf ihr Kind < 1 %
- Afrika südlich der Sahara: Übertragung zu **ca. 50 % über heterosexuellen Kontakt / Bluttransfusionen 10 % / von der Mutter auf ihr Kind 40 %**
- Weltweit: **heterosexueller Übertragungsweg zu 85 %.** Männer stellen die Hälfte aller HIV-Infizierten.

3 Zur Diagnostik einer HIV-Infektion existiert ein HIV-**Schnelltest**, der u.a. über das Internet angeboten wird.

a) Erklären Sie, warum vom Durchführen des Tests zum **privaten Gebrauch dringend abzuraten** ist.

Professionelle Beratung / Begleitung fehlt: Fällt der Test positiv aus, könnten die Folgen verheerend sein (Suizid?). Fällt er negativ aus, gaukelt er eine möglicherweise falsche Sicherheit vor. Das Testergebnis ist **nicht absolut zuverlässig**, kann falsch-positiv oder falsch-negativ ausfallen.

b) Was ist mit „Schnelltest" gemeint? Zeichnen Sie auf der unten stehenden Skala ein, wann der Test nach einer Infektion mit HIV **frühestens positiv** ausfallen würde.

Schnelltest meint, dass das **Ergebnis schnell vorliegt**, innerhalb von 20 Minuten (im Gegensatz zum üblichen Such- und Bestätigungstest im Labor, auf dessen Ergebnis man mehrere Tage wartet). Das Prinzip beruht auf **Antikörpernachweis**, der Schnelltest zeigt daher **frühestens 4 - 6 Wochen nach Ansteckung ein positives Ergebnis** an. Der Test eignet sich also nicht dazu, nach möglicher Exposition schnell darüber zu informieren, „ob vielleicht etwas passiert ist" (das täte der Schwangerschaftstest auch nicht).

c) Wie ist das Testergebnis zu interpretieren, wenn der **Test negativ** ausfällt?

Ein negatives Testergebnis sagt aus, dass keine Antikörper nachgewiesen wurden. Entweder, weil **keine Infektion** stattgefunden hat oder weil die **Viren unter der Nachweisgrenze** liegen (z.B. durch antiretrovirale Therapie) oder aber, weil die **Infektion erst wenige Wochen zurückliegt**, sodass noch nicht ausreichend Antikörper gebildet wurden („diagnostische Lücke").

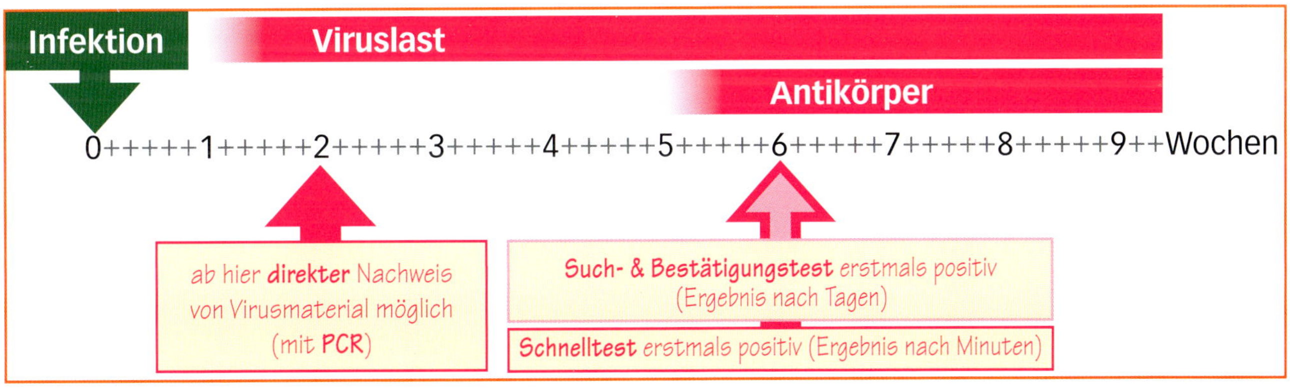

4 Stellen Sie sich folgende Situationen vor…:

a) Ein erkälteter, HIV-positiver Mann **niest** Sie an. Fürchten Sie eine Ansteckung mit HIV?

Nein, das ist nicht zu befürchten. Die Menge an Viren in Speichel und Sputum reicht nicht für eine Infektion aus. Zudem überleben die Viren außerhalb des Körpers / von Blut nur kurz. (Ausnahme: Der Patient ist an Tbc erkrankt und hustet Blut, ich selbst habe eine frische Wunde im Gesichtsbereich, auf der bluttingiertes Sputum landet – dann ist eine Infektion nicht ausgeschlossen.)

b) Sie praktizieren **Analsex** mit einer Person, die sich erst vor Kurzem mit HIV infiziert hat. Sie benutzen ein Kondom. Sind Sie sicher vor einer HIV-Infektion geschützt?

Es ist **dann von einem sicheren Schutz** auszugehen, wenn das - **spezielle - Kondom** der höheren Beanspruchung und dem Darmmilieu standhält und ich nur **wasserlösliche Gleitmittel** verwende. Selbstverständlich habe ich zuvor auf **Prüfsiegel, Haltbarkeitsdatum und richtige Lagerung** geachtet (lichtgeschützt, trocken und kühl), damit das Kondom nicht für Viren durchlässig wird.

c) Sie haben **ungeschützten Vaginalverkehr**; die/der andere könnte HIV-positiv sein, Sie wissen es nicht. Wie wahrscheinlich ist es, dass Sie sich mit HIV infizieren?

In Deutschland beträgt die **Wahrscheinlichkeit < 1:1000, dass mein Gegenüber einer der Infizierten** ist (in Swasiland wäre die Wahrscheinlichkeit eher 1:2).

Ist der/die andere infiziert, kann ich mich **gleich beim ersten Kontakt anstecken!** Für eine Frau ist das Risiko, sich beim Mann anzustecken, etwas höher als umgekehrt. Die Ansteckung ist **umso wahrscheinlicher**, wenn z. B. eine **weitere (Genital-)Infektion** vorliegt, wenn „frau" gerade **menstruiert** oder „man" **nicht beschnitten** ist oder wenn der/die **andere sich erst vor Kurzem mit HIV infiziert hat** (oder gar an AIDS erkrankt ist). Sehr selten steckt man sich aber selbst nach jahrelangem ungeschützten Geschlechtsverkehr nicht an. Ca. 1% der Menschen in Europa sind dank Mutation **resistent gegen HIV** (das Virus kann dann sein Erbmaterial nicht in die Zelle einschleusen) – ob ich dazugehöre?

d) Sie schlucken **Sperma** eines HIV-positiven Mannes. Bekommen Sie nun AIDS?

AIDS kann man nicht „bekommen", das ist eine Folgeerscheinung. Bekommen kann man die HI-Viren. Das **Risiko einer Infektion ist bei Oralverkehr deutlich geringer** als bei Vaginal- /Analverkehr, aber nicht ausgeschlossen. Insbesondere die Aufnahme von **Sperma birgt ein Risiko**, da es a) die Schutzmechanismen im Mund ausschaltet und b) sehr virenhaltig ist.

e) Eine HIV-positive Patientin schwitzt stark und bittet Sie, ihr beim Kleidungswechsel zu helfen. Sie tun dies ohne Handschuhe und kommen mit dem **Schweiß** in Kontakt. Könnten Sie sich angesteckt haben?

Nein, eine Ansteckungsgefahr besteht nicht. Die **Menge an Viren im Schweiß reicht nicht für eine Infektion aus**, außerdem überleben die Viren außerhalb des Körpers / von Blut nur kurz.

Quiz

Markieren Sie die richtige Antwort.

1. Die Virämie und damit **Infektiosität** ist bei einem HIV-Infizierten **am höchsten** ...

A: während der Latenzphase	B: zu Beginn der Infektion und im Terminalstadium von AIDS
C: nach Ausheilung der akuten HIV-Krankheit	D: bei Auftreten erster Begleitinfektionen

2. Das **Risiko**, sich beim ungeschützten Geschlechtsverkehr mit HIV zu infizieren, ist **vemindert** ...

A: bei Menschen, die Analsex praktizieren	B: bei Frauen / Männern zum Zeitpunkt der Regelblutung
C: bei Frauen, die an Herpes genitalis leiden	D: bei beschnittenen Männer

3. Das Risiko einer (vertikalen) **HIV-Übertragung von Mutter auf Kind** bleibt unverändert hoch bei ...

A: antiretroviraler Therapie nach der 32. SSW	B: Kaiserschnitt 4 Wochen vor Geburtstermin
C: normaler Entbindung zum natürlichen Zeitpunkt	D: Verzicht aufs Stillen

4. Bislang haben sich in den **USA** und in **Europa** mit HIV **vorwiegend** infiziert ...

A: homo- und bisexuelle Männer	B: homo- und bisexuelle Frauen
C: promiskuitiv lebende, heterosexuelle Frauen	D: sexuell enthaltsame Männer

5. *Keine* typische Nebenwirkung der hoch aktiven antiretroviralen Therapie (HAART) ist ...

A: die Lipodystrophie (Fettverteilungsstörung)	B: die Arthrose (Gelenkverschleiß)
C: die Insulinresistenz (Zuckerverwertungsstörung)	D: die toxische Hepatitis (Leberentzündung)

6. **Mehr als 66 % aller HIV-Infizierten weltweit** leben ...

A: in Afrika, südlich der Sahara	B: in Österreich, nördlich der Alpen
C: in China, östlich des Mekong-Flusses	D: in den USA, westlich der Rocky Mountains

7. In Bezug auf das **Risiko einer HIV-Übertragung** bei ungeschütztem **Vaginalverkehr** ...

A: haben Männer und Frauen ein gleich hohes Risiko	B: haben Männer ein höheres Risiko als Frauen
C: haben Frauen ein höheres Risiko als Männer	D: besteht keinerlei Risiko

8. In Bezug auf die antivirale Medikation wirkt sich allein **förderlich** auf die **Compliance** der Betroffenen aus, dass ...

A: die Tabletten regelmäßig und konsequent eingenommen werden müssen	B: es häufig zu Nebenwirkungen kommt
C: die Einnahme auch anderen auffällt	D: sie helfen kann, AIDS zu verhindern

9. Im Zusammenhang mit der HIV-Infektion **assoziiert** man mit „**T4**" üblicherweise ...

A: das Schilddrüsenhormon Tetrajodthyronin	B: eine Unterform der Lymphozyten
C: einen VW-Bus der 4. Generation	D: eine grausame Euthanasie-Aktion im 3. Reich

10. Bezüglich der **HIV-Antikörper** gilt, dass sie ...

A: auch gegen Herpesviren wirksam sind	B: für eine vollständige Elimination von HIV sprechen
C: den Beginn von AIDS signalisieren	D: frühestens 4 Wochen nach Infektion nachweisbar sind [1]

11. Knapp die **Hälfte aller HIV-Infizierten** setzt sich – **weltweit gesehen** – zusammen aus ...

A: homosexuellen Männern	B: homosexuellen Frauen
C: Frauen und Kindern	D: Polytoxikomanen

12. Eine **Ansteckungsmöglichkeit** besteht bei einem HIV-positiven Verwandten **allein**, wenn ich ...

A: ihn kräftig umarme, knuffe und auf beide Wangen küsse	B: ihm beim Nasenbluten mit bloßen Händen helfe und eine Verletzung am Finger habe
C: aus dem gleichen Glas trinke wie er und sein Besteck und Geschirr benutze	D: von ihm bei Erkältung angeniest und angehustet werde

13. Im **französischsprachigen** Raum nennt man **AIDS** ...

A: AIDS	B: IDAS
C: SIDA	D: DISA

[1] Mittels PCR aber schon früher Virusnachweis möglich, etwa ab dem 11. – 15. Tag nach Infektion (wichtig im Transfusionswesen)

14. Die **"hoch aktive antiretrovirale Therapie"** wird abgekürzt mit ..

A: HAT	B: HARTH
C: HAART	D: HOANTH

15. Zur Vermeidung einer HIV-Übertragung unter **i.v.**-Drogenabhängigen gilt als **einzig sicher** ...

A: ein kurzes Auskochen des Spritzbestecks [1]	B: das Besprühen der Kanülen mit Alkohol
C: die Verwendung steriler Nadeln und Spritzen	D: eine Verlängerung des Injektions-Abstands

16. Die **älteste gesicherte HIV-Infektion** kennt man aus dem Jahr ...

A: 1959	B: 50 v. Chr.
C: 800	D: 1789

17. Bei positivem Ergebnis im Suchtest folgt immer ein **Bestätigungstest**, um **auszuschließen**, dass...

A: das erste Ergebnis „richtig-positiv" war	B: das erste Ergebnis „richtig-negativ" war
C: das erste Ergebnis „falsch-positiv" war	D: das erste Ergebnis „falsch-negativ" war

18. Das **Risiko**, sich nach einem versehentlichen **Stich** mit einer HIV-kontaminierten Kanüle zu infizieren, ...

A: liegt bei durchschnittlich 0,3 %	B: ist kleiner bei Hohl- als bei geschlossenen Nadeln
C: ist von der Viruslast des Überträgers unabhängig	D: ist minimal, wenn an der Kanüle Blut haftet

19. Bei Erwachsenen beträgt ohne Therapie die Zeit von **HIV-Infektion bis AIDS-Ausbruch** etwa...

A: 1 Jahr	B: 5 Jahre
C: 10 Jahre	D: 30 Jahre

20. Ein sogenannter HIV-„**Schnelltest**"...

A: kann HIV direkt nach Exposition nachweisen	B: gilt als besonders zuverlässig in seiner Aussage
C: gehört zur Routine in Hausarztpraxen	D: liefert das Ergebnis innerhalb von 20 Minuten

21. *Kein* **Anti-HIV-Medikament** ist ...

A: Abacavir	B: Lamivudin
C: Aciclovir	D: Tenofovir

22. Bezüglich des **HIV-Tests** gilt ...

A: Er kann beim Gesundheitsamt kostenlos und anonym durchgeführt werden	B: Der Test wird generell ohne Einwilligung des Betroffenen durchgeführt [2]
C: Ein positives Ergebnis muss namentlich dem Gesundheitsamt mitgeteilt werden	D: Das Testergebnis liegt stets am nächsten Tag vor

[1] Kunststoff handelsüblicher Spritzbestecke hält der Hitze nicht stand. Auskochen hitzestabiler Nadeln / Spritzen an sich möglich, aber ausreichend lange!

[2] Ohne Einverständnis nur bei vitaler Indikation = lebensbedrohliche Erkrankung bei nicht einwilligungsfähigen Pat.; wird aber auch bei Asylbewerbern durchgeführt, um rechtzeitig Therapie einleiten zu können

Die Rote Schleife gilt weltweit als Symbol der Solidarität mit allen HIV-Infizierten und AIDS-Kranken.

23. Das Risiko, dass eine **HIV-positive Mutter** ihr **Kind** während der **Schwangerschaft** oder im Rahmen der **Entbindung ansteckt**, liegt – ohne Behandlung – bei ca. ...

A: 99%	B: 66 - 75%
C: 10 – 40%	D: < 2% [1]

24. Lautet das Ergebnis eines **HIV-Tests** vom 1. Juni, dass er „**negativ**" ist, bedeutet das ...

A: Es konnten keine Antikörper gegen HIV nachgewiesen werden	B: HIV konnte nachgewiesen werden, was für den Getesteten negativ ist
C: Es kann bis zum 31. Mai keine Übertragung mit HIV stattgefunden haben	D: Die Blutprobe ist verloren gegangen, sodass das Testergebnis fehlt

25. Lassen sich **bei einem Neugeborenen HIV-Antikörper** nachweisen, ...

A: ist gesichert, dass das Kind mit HIV infiziert ist	B: ist gesichert, dass die Mutter HIV-positiv ist
C: muss unverzüglich eine antivirale Therapie beginnen	D: ist eine weitere Testung entbehrlich

26. Das HI-Virus gehört zur **Familie** der ...

A: Nostalgieviren	B: Science-fiction-Viren
C: Postmoderne Viren	D: Retroviren

[1] Diese Zahl gilt, wenn Maßnahmen ergriffen wurden (HAART, ggf. Kaiserschnitt, Stillverzicht, ...)

MRSA

Vervollständigen Sie den Text:

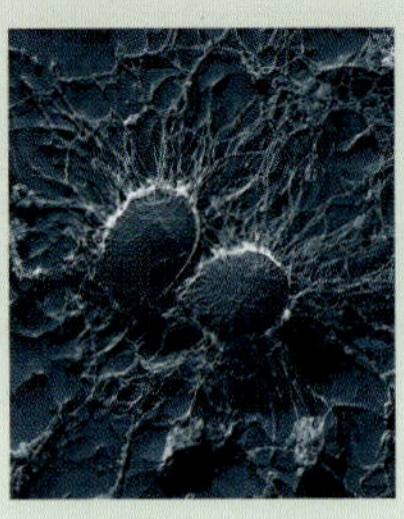

Der „**M**ethicillin-**r**esistente **S**taphylococcus **a**ureus", kurz MRSA, ist ein spezielles Bakterium, das für Antibiotika des Typs Methicillin un empfindlich geworden ist. Da MRSA gegenüber anderen Antibiotika, die nicht mit Methicillin verwandt sind, zunehmend ebenfalls Resistenzen zeigt, wird häufiger auch vom multi[1] resistenten Staph. aureus gesprochen.

Staph. aureus kommt weltweit bei Tieren und beim Menschen vor. Bevorzugt findet er sich im Nasen vorhof, ist aber auch auf anderen Schleimhäuten und der Haut anzutreffen. Handelt es sich um ein friedliches „Nebeneinander" von Keim und Mensch, liegt eine Besiedlung[2] vor. Diese ist meist vorübergehender Natur, selten dauerhaft.

Aus der Besiedlung heraus kann es – muss es aber nicht – zur endogenen Infektion kommen. S. aureus gilt als fakultativ pathogen, da er nicht zwangsläufig Krankheiten auslöst. Meist liegen begünstigende Umstände für eine Infektion vor, z. B. Eintritts pforten (Wunden etc.), Fremdkörper, chronische[3] Erkrankungen, Begleitinfektionen (z. B. Influenza) oder eine allgemeine Immun-schwäche[4]. Da sich Menschen mit diesem Risiko profil oft in einer Klinik befinden und dort zugleich durch erhöhten Einsatz von Antibiotika leichter resistente Keime „gezüchtet" werden, ist die MRSA-Infektion ein typisches Beispiel für eine im Krankenhaus erworbene (= nosokomiale) Infektion. In deutschen Kliniken beträgt der Anteil von MRSA an allen S. aureus durchschnittlich 20 %.

Im Rahmen einer pyogenen S.-aureus-Infektion wird Eiter[5] gebildet. Die Bakterien können eine Eiterhöhle (= Abszess) bilden oder sich in einer Körperhöhle ansammeln (= Empyem). Die Palette möglicher Krankheitsbilder reicht von lokal[6] begrenzten, oberflächlichen Infektionen bis hin zu tiefen und gar systemischen Infektionen. Befallen werden z. B. die Haarfollikel[7] (Follikulitis, Furunkel oder Karbunkel) und die Haut[8] (bei Kleinkindern z. B. Impetigo contagiosum, sonst oft Super infektion von Wunden) sowie die Lunge (Folge: Pneumonie). Weichteilinfektionen können die Folge sein, bis hin zur Nekrose, die eine Amputation notwendig macht. Durch massive Bakterienausschwemmung ins Blut sind die Entwicklung einer Sepsis (= Blutvergiftung) und eine Herzklappenentzündung (= Endokarditis) möglich, teils mit foudroyantem Verlauf. Einige Staph.-aureus-Stämme rufen wegen ihrer Giftstoffe (= Toxine) spezielle, lebens bedrohliche

[1] mehrfach
[2] Kolonisation
[3] schwere, multimorbide, Mehrfach-
[4] -inkompetenz
[5] Pus
[6] örtlich
[7] Haarbälge; Talgdrüsen
[8] Derma, Kutis

Krankheitsbilder hervor, z. B. das „Staphylogene Lyell-Syndrom“ (engl. Kurzform SSSS), welches v. a. bei Säuglingen auftritt, oder das „Toxische Schock-Syndrom“ (TSS). Beides sind jedoch Raritäten. Gegenüber diesen Toxinen erwerben die meisten Menschen im Laufe des Lebens eine Immunität.

Die durch MRSA verursachten Krankheitsbilder unterscheiden sich nicht von denen, welche durch den sensiblen[1] S. aureus verursacht worden wären. Da der resistente Keim jedoch weniger angreifbar ist, kann sich die Behandlung komplizierter und langwieriger gestalten; mitunter gerät der Prozess ganz außer Kontrolle. Entscheidend ist, dass eine effektive Therapie so früh wie möglich einsetzt und Verzögerungen (Nicht-Erkennen des Keims, ineffektive Behandlung etc.) vermieden werden. Oberflächliche Infektionen können rein topisch behandelt werden; tiefergehende Infektionen erfordern eine systemische Antibiose. Beta-Lactam-Antibiotika wie Methicillin u. Ä. sind bei MRSA wirkungs los. Anhand eines Antibiogramms lässt sich ablesen, wofür der nachgewiesene Keim noch sensibel ist. Je nach Ergebnis und unter Berücksichtigung des Verlaufs und des Alters wird ein passendes Antibiotikum ausgewählt, oft auch Kombinationen (z. B. ein Glykopeptid mit Rifampicin). Die Therapie dauert mindestens 7 – 10 Tage. Äußerst problematisch sind Keime, die selbst gegenüber Reservemedikamenten resistent[2] geworden sind.

Vom nosokomialen MRSA abzugrenzen ist der „community-aquired“ MRSA (c[3] MRSA), der nicht durch einen Klinikaufenthalt erworben wird. Gerade junge, gesunde Menschen, die sich viel bewegen und engen Kontakt zu anderen haben, können sich über kleinste Wunden mit cMRSA infizieren. Wegen eines speziellen Toxins, welches besonders virulent ist, kann die Erkrankung einen sehr schweren[5] Verlauf nehmen. cMRSA ist jedoch sehr selten und spricht besser auf Antibiotika an als der nosokomiale MRSA.

Um einer Infektion zuvorzukommen, wird bei MRSA-Trägern die Sanierung mittels desinfizierender Nasensalbe, Mundspülung und/oder Ganzkörperwaschung empfohlen. Frühestens drei Tage nach Ende sollten Kontroll abstriche erfolgen.

Weder durch Besiedlung noch durch stattgehabte Infektion erwirbt man eine umfassende Immunität gegen Staphylococcus aureus – allenfalls gegen einzelne seiner Toxine. Infektionen sind aus diesem Grund immer wieder möglich.

Meldepflicht ?			an Gesundheitsamt	X	mit Namen		an Robert-Koch-Institut		anonym	
durch Arzt	stets bei Erkrankung		auch bei Verdacht		auch bei Tod		nur bei Häufung	X	nur im Sonderfall	
durch Labor	bei Erregernachweis	X	in Blut oder Liquor							

[1] empfindlichen; gewöhnlichen, „normalen“, ursprünglichen
[2] unempfindlich, unempfänglich, abwehrbereit
[3] C-, CA-, PVL-
[4] immunkompetente
[5] problematischen, ungünstigen, gefährlichen

MRSA – mögliche Verläufe

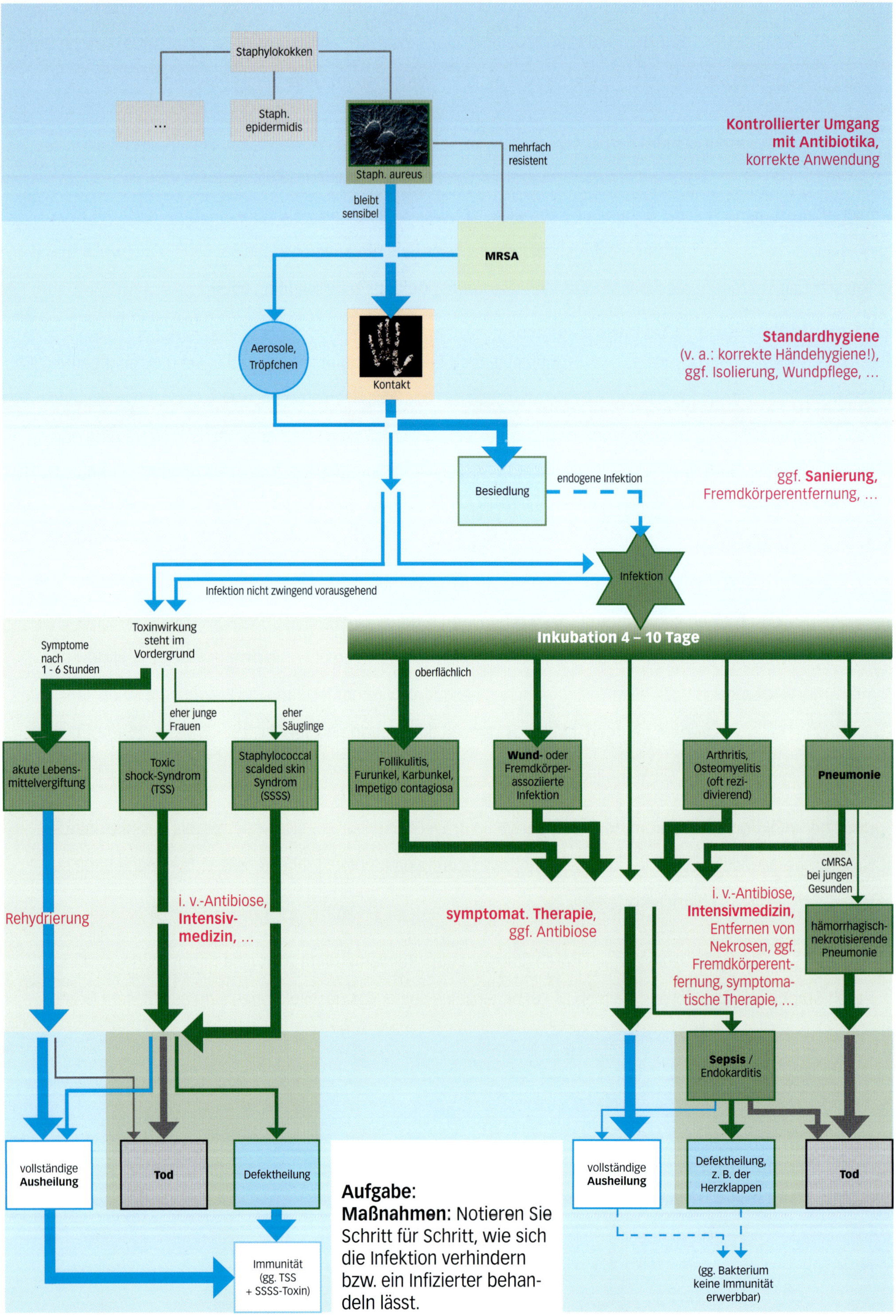

Aufgabe:
Maßnahmen: Notieren Sie Schritt für Schritt, wie sich die Infektion verhindern bzw. ein Infizierter behandeln lässt.

Kontakt mit MRSA

Aufgaben

1 Staphylococcus aureus bzw. MRSA unterscheiden sich in vieler Hinsicht von den zuvor beschriebenen Krankheitserregern. Nennen Sie mind. zwei Unterschiede.

I. Staph. aureus ist **fakultativ pathogen**, löst also nicht zwangsweise eine Erkrankung aus; anstelle einer Infektion ist eine **Besiedlung** möglich. Diese tritt selten permanent auf, ist meist nur zeitweise.

II. MRSA zählt zu den „Problemkeimen" im Krankenhaus, ist Auslöser **nosokomialer Infektionen**. Die viel seltenere ambulante Form von MRSA (cMRSA) wiederum ist sehr virulent.

III. Es gibt nicht „den" klassischen Verlauf, sondern **sehr unterschiedliche Krankheitsbilder**: Die Keime können oberflächlich oder tief eindringen, lokale oder generalisierte Infektionen hervorrufen, diverse Organe befallen oder - je nach Stamm - durch spezielle Toxine besonders pathogen wirken.

2 Stellen Sie sich vor:

> Ihre neue Nachbarin kommt ganz aufgeregt zu Ihnen, da bei ihrer dreißigjährigen Tochter, die Vollzeit im Krankenhaus arbeitet, ein Nasenabstrich positiv für MRSA ausgefallen ist. Die Nachbarin ist kaum zu beruhigen, fürchtet nun um das Leben der Tochter, denn sie hat von den „Killerkeimen" in einem Magazin gelesen: Arme und Beine würden weggefressen, müssten amputiert werden und junge Leute in kurzer Zeit sterben.

Halten Sie die Sorge der Nachbarin für berechtigt? Diskutieren Sie.

- **Jeder Dritte** ist mit Staph. aureus (bzw. mit MRSA) vorübergehend oder dauerhaft **besiedelt, bei Krankenhauspersonal ein noch höherer Anteil**, denn der Nasenvorhof gehört zum natürlichen Reservoir der Staphylokokken. Die Tochter hat den Keim mit hoher Wahrscheinlichkeit im Krankenhaus erworben.
- Die Tochter ist jung und wenn sie voll arbeitsfähig ist, wohl auch weitgehend gesund. Damit **bietet sie keine erkennbaren Risikofaktoren für eine Infektion**. Vermutlich besteht die Besiedlung nur **vorübergehend**. Der nosokomiale MRSA führt nicht häufiger zur Infektion als der „gewöhnliche" S. aureus; beide sind **fakultativ** pathogen, es kommt nach Besiedlung nicht „automatisch" zur Infektion. Aber: Denkbar ist, dass bei der Tochter eine Spiegelung geplant ist, dass sie schwer erkrankt o.Ä. - dann würde die Besiedlung auch für sie selbst **wegen möglicher endogener Infektion problematisch** werden. Jeder Verlauf ist möglich, bei ihr als immunkompetenter Person ist eher mit einem **blanden Verlauf** zu rechnen. Noch ein „Aber": Hat die Tochter gar nicht im Krankenhaus, sondern im privaten Umfeld den besonderen Keim **cMRSA erworben, kann der wegen seiner besonders hohen Virulenz auch bei ihr als gesundem Menschen eine sehr schwere Infektion verursachen**. Doch cMRSA macht bisher weniger als 2 % aller MRSA aus (von allen Staph. aureus < 0,5%).
- Bei MRSA-Besiedlung ist eine **Sanierung** oft erfolgreich (z. B. hier mit spezieller Nasensalbe).
- Vorteilhaft ist, dass der Keim bereits bekannt ist; sollte die Tochter sich infizieren, wäre damit zu rechnen, dass frühzeitig ein Antibiogramm angefertigt und eine effektive Therapie eingeleitet würde. Nicht alle Antibiotika sind bei Multiresistenz wirkungslos - es muss nur **rechtzeitig das passende Antibiotikum** gewählt werden.
- Vor allem besteht **Gefahr für andere:** Als Trägerin kann die Tochter den Keim **auf Personen mit hohem Risikoprofil** (z.B. Patienten) übertragen, für die eine nosokomiale MRSA-Infektion lebensbedrohlich werden kann.

3 Insbesondere in klinischen Einrichtungen ist es entscheidend, MRSA-Übertragungen zu vermeiden und die Verbreitung einzudämmen. Wie sieht hier die Primär- und Sekundärprävention aus?

- **Besonnener Antibiotikaeinsatz:** Antibiose gemäß Leitlinien (um weitere Resistenzbildung zu verhindern)
- **Screening:** Keimnachweis mittels Abstrich
  + Sanierung: Eradikation [1] des Keims bei symptomlosen Trägern

[1] Nase: z.B. mit antibiotischer Nasensalbe. Rachen: zusätzlich desinfizierende Mundspülung.
Haut: zusätzlich Ganzkörperwaschung mit antiseptischen Seifen, desinfizierenden Lösungen für die intakte Haut inkl. Haare

Händewaschen nicht vergessen...
Das Kindbettfieber bei Wöchnerinnen ist eine u. a. durch Staphylokokken hervorgerufene lebensgefährliche Infektion. Um 1848 erkannte der ungarische Arzt Ignaz Semmelweis, dass die Krankheitsfälle deutlich zurückgingen, wenn die Ärzte und Studenten – die zuvor oft in der Pathologie waren – vor jeder Untersuchung ihre Hände in Chlorkalklösung wuschen. Die Zusammenhänge (Krankheitserreger und der Vorgang der Ansteckung) waren damals jedoch noch völlig unbekannt! Leider wurde Semmelweis von vielen seiner Kollegen für verrückt erklärt.

Ignaz Semmelweiß (1818 – 1865), ungarischer Arzt

- **Schulung:** Medizinisches Personal wird über Hygienemaßnahmen aufgeklärt und zur Mitarbeit motiviert
  + Kommunikation: (Vorab-)Information der Zieleinrichtung bei Verlegung eines MRSA-Besiedelten/Infizierten. Ebenso Information der vorherigen Einrichtung.
- **Hygiene** (allen voran: Händedesinfektion!) inkl. räumliche Isolierung: Unterbringung aller mit MRSA besiedelten/infizierten Patienten getrennt von anderen, **Kohortenisolierung** meist möglich.

4 Wie erklären Sie sich, dass eine Lebensmittelvergiftung mit Staph.-aureus-Toxin möglich ist, ohne dass eine bakterielle Infektion vorliegt?

Lebensmittel können durch Staph.aureus kontaminiert sein. Da dessen **Enterotoxine hitzestabil** sind, anders als der Keim selbst, werden sie **durch Kochen nicht unschädlich** gemacht. Der rasche Krankheitsbeginn (ab 1 Stunde nach dem Essen) erklärt sich dadurch, dass die Toxine nicht erst gebildet werden müssen und ihre schädigende Wirkung unmittelbar ausüben können.

Quiz

Markieren Sie die richtige Antwort.

1. „Staphylococcus aureus" bedeutet **wörtlich** übersetzt soviel wie ...

A: „rote Sonne"	B: „goldenes Traubenkügelchen"
C: „goldener Schuss"	D: „silberner Pfeil"

2. Die **allein durch das Toxin** von Staph. aureus verursachte Gastroenteritis ist eine Form der ...

A: Nahrungsmittel-Vergiftung	B: Nahrungsmittel-Allergie
C: Nahrungsmittel-Intoleranz	D: Nahrungsmittel-Infektion

3. **Staphylokokken** gelten als ...

A: grampositiv	B: vergrämt
C: sorglos	D: gramnegativ

4. Die Verbreitung von MRSA kann allein **aufgehalten** werden durch ...

A: eine Zunahme an intensivmedizinischen Maßnahmen und Einbringung von Implantaten	B: eine konsequente und korrekte Umsetzung der Hygienevorgaben
C: die flächendeckende Anwendung von Antibiotika, gegen die MRSA bereits resistent ist	D: das Verschweigen der MRSA-Besiedlung/ Infektion eines Menschen bei dessen Verlegung

5. Eine **Eigenschaft** der Staphylokokken ist z. B., dass sie ...

A: kontagiöser als Masernviren sind	B: beweglich und wendig sind
C: Sporen bilden	D: tolerant mit pH-Änderungen umgehen

6. Ein Vertreter der **Glykopeptid**-Antibiotika ist allein ...

A: Vancomycin	B: Benzylpenicillin (Penicillin G)
C: Clarithromycin	D: Doxycyclin

7. Im Gegensatz zum „resistenten" versteht man unter einem **„residenten" Keim** einen Keim, der ...

A: zur natürlichen Standortflora gehört	B: prachtvolle Eiterhöhlen baut
C: auf Antibiotika unempfindlich reagiert	D: sich höchst widerborstig verhält

8. **Methicillin** ist / war ein ...

A: Virustatikum	B: Mykotikum
C: Antibiotikum	D: Analgetikum

9. Von allen Staphylokokken besitzt die **höchste Pathogenität für den Menschen** der ...

A: Staph. aureus	B: Staph. epidermidis
C: Staph. haemolyticus	D: Staph. intermedius

10. Eine **Besiedlung mit MRSA** ist am *wenigsten* zu erwarten ...

A: an den Knöcheln	B: im Nasenvorhof
C: am Damm (Perineum)	D: am Haaransatz

11. Eine im Vergleich zu Deutschland **minimale MRSA-Rate** < 2 % in Krankenhäusern besteht z. B. ...

A: in den USA	B: in Japan
C: in Großbritannien	D: in den Niederlanden

12. Staphylokokken lassen sich sicher **abtöten** durch ...

A: Sauerstoffabschluss	B: säuerliches Milieu
C: Austrocknung	D: Desinfektion

13. Staphylokokken **bevorzugen zum Wachstum** ...

A: Temperaturen von 30° bis 37° C	B: Temperaturen um 4° C
C: Temperaturen über 95° C	D: Temperaturen zwischen -1° bis – 20° C

14. Die **Ansammlung von Eiter in einer Körperhöhle oder in einem Hohlorgan** bezeichnet man als ...

A: Empyem	B: Emphysem
C: Enanthem	D: Exanthem

15. In **mehr als 90 %** der Fälle trat das hoch fieberhafte **Toxinschocksyndrom** (TSS) auf …

A: bei Frauen über 40 Jahre nach Entbindung (meist im Zusammenhang mit Stilleinlagen)	B: bei jungen, menstruierenden Frauen (meist im Zusammenhang mit Tampongebrauch)
C: bei heranwachsenden, muskulösen Männern (meist im Zusammenhang mit Tabakrauch)	D: bei frühreifen Kleinkindern (meist im Zusammenhang mit Windelgebrauch)

16. Die Unempfindlichkeit eines Bakteriums **gegenüber mehreren Antibiotika mit ähnlichem Aufbau und Wirkprinzip** bezeichnet man als …

A: Parallelresistenz	B: Kreuzresistenz
C: Kreisresistenz	D: Dreiecksresistenz

17. **Nach Besiedlung oder durchgemachter Infektion** mit MRSA …

A: kann man sich jederzeit (wieder) mit MRSA infizieren	B: muss man ein Jahr lang in Quarantäne bleiben
C: darf man zeitlebens nicht mehr mit Antibiotika behandelt werden	D: hat man eine jahrzehntelange Immunität gegen MRSA erworben

18. **Eigenschaften eines Erregers, die ihn zum schädlichen Krankheitserreger machen**, sind die sogenannten …

A: Salutogenitätsfaktoren	B: Pathogenitätsfaktoren
C: Rekonvaleszenzfaktoren	D: Kommensalfaktoren

19. Wurde bei einem Patienten MRSA nachgewiesen, werden bestimmte **Kontrollabstriche** empfohlen. Dazu gehört üblicherweise *nicht* …

A: ein Abstrich aus der Nase	B: ein Abstrich aus dem Rachen
C: ein Abstrich aus einer Wunde / Hautläsion	D: ein Abstrich aus dem Anus

20. Eine verhältnismäßig **geringe MRSA-Rate** [1] innerhalb eines Krankenhauses ist am ehesten zu erwarten auf einer …

A: psychosomatischen Station	B: Frühgeborenenstation
C: Station für Brandverletzte	D: Intensivstation

21. Die **Letalität** einer durch **Staph. aureus ausgelösten Sepsis** beträgt bis zu …

A: 0,1 %	B: 15 %
C: 55 %	D: 100 %

22. *Kein* Synonym für das **„staphylococcal scalded skin syndrom" (SSSS)** ist …

A: Dermatitis exfoliativa neonatorum (R. v. R.)	B: Staphylogenes Lyell-Syndrom
C: Subkorneales Staphylokokken-Schälsyndrom	D: Pemphigus vulgaris

23. **VRSA** steht für …

A: vielfach resistenter S. aureus	B: Vancomycin-intermediär-empfindlicher S. aureus
C: Vancomycin-resistenter S. aureus	D: Vancomycin-resistenter Enterococcus

24. Die **Sanierung** bei MRSA-Besiedlung erfolgt sicher *nicht* mittels …

A: Mupirocin-Nasensalbe	B: desinfizierende Mundspülung
C: Ganzkörperwaschung mit Desinfektionsmittel für die intakte Haut	D: Ganzkörperbad in reinem Alkohol

[1] MRSA-Rate = Anteil von multiresistenen Staph.aureus an allen Staph.-aureus-Stämmen

25. In **unbelebter Umgebung** (Instrumente, Geräteoberflächen, Kittel etc.) sind MRSA

A: nur wenige Sekunden überlebensfähig	B: maximal eine Woche überlebensfähig
C: mehrere Monate überlebensfähig	D: jahrzehntelang überlebensfähig

26. Zu den **Betalaktam-Antibiotika** zählen *nicht* …

A: die Makrolide	B: die Penicilline
C: die Cephalosporine	D: die Carbapeneme

27. *Keine* **typischen Risikopersonen** für eine Infektion mit Staph. aureus sind …

A: multimorbid erkrankte Menschen	B: Jugendliche
C: Menschen, bei denen invasive Maßnahmen durchgeführt werden	D: Brandverletzte

28. Ein MRSA-**Screening bei Krankenhausmitarbeitern** wird empfohlen …

A: ab dem ersten Auftreten eines MRSA-Falls	B: beim Auftreten von zwei MRSA-Fällen innerhalb eines Jahres
C: beim Auftreten von drei MRSA-Fällen innerhalb von 2 Wochen in der gleichen Abteilung	D: beim Auftreten von vier MRSA-Fällen in verschiedenen Abteilungen eines Großklinikums

29. Ein Antibiotikum wie **Vancomyin** gilt als ...

A: Schmalspektrum-Antibiotikum	B: Breitband-Antibiotikum
C: Mittelklasse-Antibiotikum	D: Basis-Therapeutikum

30. Bei **lokalen** offenen und eitrigen Hautinfektionen hat sich **bewährt** …

A: das einmalige Trinken eines Calendulablüten-Tees	B: die intensive Einreibung mit Calendula-Pflegemilch
C: ein Fingerbad / Umschlag mit purer, unverdünnter Calendula-Essenz	D: ein Fingerbad / Umschlag mit 1:10 in Wasser verdünnter Calendula-Essenz

31. Die **Antibiotikaresistenz** von MRSA ist **zurückzuführen** auf ...

A: (induzierte) Mutation und Selektion	B: jahrhundertelange Züchtung
C: konspirative Genmanipulation	D: „Intelligent Design"

Präventiv- und Bekämpfungmaßnahmen

Hygiene, Impfungen und Information dienen dazu, Infektionskrankheiten vorzubeugen bzw. ihre Verbreitung einzudämmen. Um in der Tabelle ab S. 66 ff. Wiederholungen zu vermeiden, sind Elemente der Standardhygiene in Krankenhäusern vorab aufgelistet. Letztlich verbindlich ist der innerbetriebliche Hygieneplan, welcher regelt, wie gesetzliche Vorgaben und Empfehlungen in der jeweiligen Institution umzusetzen sind.

Hygienische Standardmaßnahmen

1. Händehygiene

- **Hygienische Händedesinfektion** (mit alkoholischem Mittel, möglichst aus Spender)
  Mittel reichlich in trockene Hohlhand füllen → über Hände und Handgelenk ½ Minute lang verteilen → gründlich v.a. im Nagelbett, auf Fingerkuppen, zwischen den Fingern und um den Daumen herum bis zur Trocknung einreiben (s. Abb.)
  erforderlich zu Dienstbeginn und -ende, **vor und nach** Kontakt mit Lebensmitteln, Anziehen von Schutzkleidung, direktem Patientenkontakt, Kontakt mit potenziell infektiösen oder kontaminierten Materialien[1] und Objekten[2], vor invasiven oder Asepsis[3] verlangenden Vorgängen; nach unreinen Arbeitsvorgängen; nach Ausziehen der Handschuhe, vor Verlassen des Zimmers; nach WC-Nutzung
- **Händewaschen** (mit Lotion aus Spender)
  Hände nass machen → aus Spender mit Ellbogen entnehmen → sorgfältig waschen → mit Einmalhandtuch abtrocknen
  erforderlich zu Dienstbeginn und -ende; **vor und nach** dem Essen, nach Verschmutzung; nach WC-Nutzung
- **Händepflege** (mit Lotion aus Spender oder Creme aus Tube)
  in Pausen – mit Abstand zur Händedesinfektion – und **nach** Dienstschluss

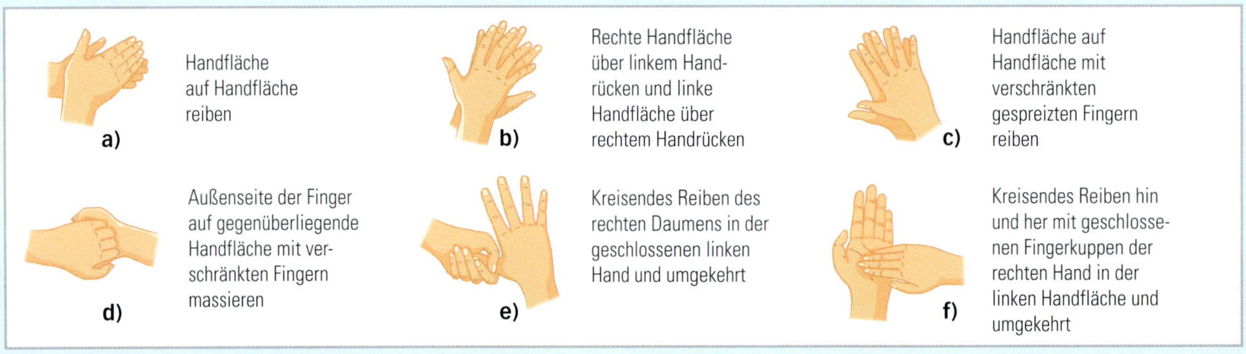

Abb. 1: **Hygienische Händedesinfektion**

2. Schutzausrüstung – ergänzend zur Dienstkleidung, patientenbezogen

- **Schutzhandschuhe** (dünnwandig, flüssigkeitsdicht, unsteril, zum Einmalgebrauch)[4]
  vorab Händedesinfektion → in Schleuse / Zimmer anziehen (ggf. Wechsel bei unterschiedlichen Vorgängen) → vor Verlassen des Zimmers in Behälter entsorgen → erneut Händedesinfektion
  erforderlich bei Kontakt mit Schleimhaut / nicht intakter Haut des Patienten, bei möglichem Kontakt mit potenziell infektiösen oder kontaminierten Materialien und Objekten
- **Schutzkittel** (langärmlig, Textil- oder Einmalmaterial)[5]
  in Schleuse / Zimmer anlegen, vorne binden → vor Verlassen dort belassen (täglich Wechsel, bei sichtbarer Kontamination sofort)
  erforderlich bei möglicher Durchfeuchtung bzw. bei Handlungen mit Verspritzen von Körperflüssigkeit
- **Mund-Nasen-Schutz** (mehrlagiges Einmalmaterial) + Schutzbrille bei Spritzgefahr
  vor Betreten des Zimmers an → vor Verlassen des Zimmers ab.
  erforderlich bei Handlungen mit Verspritzen von Körperflüssigkeit.

[1] Materialien = Blut, Körperflüssigkeiten, Sekrete, Ausscheidungen, …
[2] Objekte = Gegenstände, Flächen inkl. Türklinken, …
[3] spezielle „chirurgische Händedesinfektion" vor operativen Eingriffen
[4] spezielle „sterile Handschuhe" bei Maßnahmen mit aseptischem Vorgehen
[5] spezielle flüssigkeitsdichte Schürze, wenn Verspritzen infektiösen Materials oder Anschmutzung möglich

3. Reinigung und Desinfektion (über Händehygiene hinaus)

- **Haut**
  am Punktionsort alkoholisches Hautdesinfektionsmittel satt aufsprühen ➔ einwirken lassen ➔ Haut mit sterilem Tupfer abreiben
  erforderlich bei allen Punktionen und Injektionen der Haut
- **Flächen** (Desinfektion mit Flächendesinfektionsmittel)
  laufende Desinfektion aller patientennahen Haut- u. Handkontaktflächen, ggf. Ausdehnung auf weitere kontaminationsgefährdete Flächen; bei Kontamination sofortige Desinfektion; Scheuer-Wisch-Desinfektion bei Arbeits- und Untersuchungsflächen; vor Neubelegung einmalig Schlussdesinfektion (1 Stunde Einwirkzeit)
- **Medizinprodukte** inkl. Instrumente – nach Möglichkeit patientenbezogener Einsatz
  Sprühdesinfektion und Abwischen nach Gebrauch / nach Kontamination, bei Verschmutzung sofort oder regelmäßiger Austausch. Desinfektion mit alkoholischem Instrumentendesinfektionsmittel des Wirkungsbereichs AB, nach Möglichkeit thermische Desinfektion; bei zentraler Desinfektion Transport in geschlossenem Behälter
  Wiederverwendbare Medizinprodukte, die in Kontakt mit potenziell infektiösem Material gekommen sind, vor erneuter Anwendung mit Instrumentendesinfektionsmittel desinfizieren, reinigen, spülen, trocknen und ggf. sterilisieren[1] oder in geschlossenen Behältnissen sammeln und Aufbereitung zuleiten
- **Pflegeutensilien** – immer patientenbezogener Einsatz
  Reinigung / Desinfektion oder Entsorgung von Einmalprodukten
- **Geschirr**
  in geschlossenem Behältnis zur Spülmaschine; routinemäßige Reinigung $\geq$ 60°C
- **Wäsche**
  regelmäßig wechseln, sammeln; Waschverfahren mit Wäschedesinfektionsmittel

4. Abfallentsorgung – immer mit Handschuhen, ggf. mit weiterer Schutzkleidung

- **spitze, scharfe oder blutkontaminierte Materialien / Gegenstände**
  unmittelbar nach Gebrauch vor Ort in Sicherheitsbehältern entsorgen (ohne Zwischenablage, ohne „Recapping", ohne Gefährdung Dritter)
- **sonstige kontaminierte Abfälle**
  getrennt von Siedlungsabfällen am Entstehungsort sammeln
- **sonstige infektiöse Abfälle**
  in speziellen Entsorgungsbehältnissen sammeln, separat von Siedlungs- und kontaminierten Abfällen

Ausscheidungen und weitere Ex- oder Sekrete ohne Desinfektion der Kanalisation zuführen

Weitere Erläuterungen zur nachfolgenden Übersicht:

<u>Gemeinschaftseinrichtung:</u> Institutionen, in denen überwiegend Säuglinge, Kinder oder Jugendliche betreut werden (z. B. Kinderkrippen, -gärten, -horte, Schulen oder sonstige Ausbildungseinrichtungen, Heime und Ferienlager)

<u>Einrichtung des Gesundheitswesens:</u> ambulante oder (teil-)stationäre medizinische Institutionen und Pflegeeinrichtungen (z. B. Gesundheitszentren, Ambulanzen, Dialyseplätze, Rettungsleitstellen, Krankenhäuser, Reha-Einrichtungen, Pflegeheime)

<u>Meldender Arzt:</u> Zur Meldung meldepflichtiger Krankheiten des Menschen sind ebenfalls verpflichtet: staatlich anerkannte Heil- oder Pflegeberufler, Leiter von Pflegeeinrichtungen, Piloten, Kapitäne und Heilpraktiker

[1] gilt für kritische Medizinprodukte (haben die (Schleim-)Haut durchdrungen und sind in Kontakt mit Blut o. Ä. gekommen)

Masern

Meldepflicht:

an zuständiges Gesundheitsamt mit Namensnennung

- durch Labor: **jeder** (in)direkte Erregernachweis mit Hinweis auf akute Infektion
- durch Arzt: **stets** bei Verdacht, Erkrankung oder Tod an Masern

AKTIVE IMPFUNG:

abgeschwächter **Lebendimpfstoff** (einzeln oder in Kombination mit anderen Lebendimpfstoffen), Applikation s.c. / i.m. Seit 1974 von der STIKO empfohlen für:

- **Kinder** ab 12. Monat
- seronegatives medizinisches u./ o. Kinder betreuendes **Personal**

1. Grundimmunisierung: ab 12. - 14. Monat (u. U. früher, aber nicht vor 9. Lebensmonat)

⇳ Mindestabstand **4 Wochen**

2. Grundimmunisierung: ab 15. - 24. Monat (verzichtbar, wenn Antikörpertiter ausreichend)

Zur Überwachung des Impfprogramms wurde ein „System der Surveillance" etabliert.

Kontraindikation bei aktiver Impfung:

- ⊘ (schwere) **Allergie** gegen Neomycin, Hühnereiweiß oder andere Impfstoffbestandteile
- ⊘ akute **Erkrankung**, Fieber, chron. Infektion, Rekonvaleszenz, Thrombozytopenie
- ⊘ schwere **Immunschwäche**, Krebs, immunsuppresive Therapie
- ⊘ in nächsten 3 Monaten geplante oder bestehende **Schwangerschaft**; evtl. Stillen

MASSNAHMEN FÜR PATIENTEN UND KONTAKTPERSONEN

- In Gemeinschaftseinrichtung Betreute bei Verdacht / im Erkrankungsfall → Besuchsverbot bzw. **Aufenthaltsverbot** in Gemeinschaftsräumen, bis Abklingen der Symptome (mind. bis 5 Tage nach Exanthemausbruch)
- In Gemeinschaftseinrichtung Beschäftigte bei Verdacht / im Erkrankungsfall → **Betreuungsverbot**, solange Infektiosität laut Arzt
- Kontaktpersonen von Masernkranken ohne Nachweis einer Impfung / durchgemachten Infektion → 2-wöchiger **Ausschluss** von Gemeinschaftseinrichtungen (nach Möglichkeit, ggf. nach Ermessen des Gesundheitsamts)
- Ggf. **postexpositionelle Prophylaxe** (PEP) mittels Immunisierung:
  - aktive Inkubationsimpfung → bei gesunden Kontaktpersonen innerhalb von 3 Tagen. In Schulen evtl. noch später sinnvoll.
  - passive Immunglobulingabe → bei Immunschwachen und chronisch kranken Kindern innerhalb von 3 Tagen

IN STATIONÄREN EINRICHTUNGEN DES GESUNDHEITSWESENS

- **Standardhygiene** (immer mit Schutzkleidung) +
  - räumliche Kohorten-**Isolierung** (möglichst mit Schleuse / spezieller Raumlufttechnik, sonst häufig lüften). Isolierung bis 5 Tage nach Exanthembeginn. Besucherzugang und Patiententransport minimieren. Patienten tragen beim Einzeltransport einen Mund-Nasen-Schutz.
  - Pflege möglichst durch **seropositives Personal**. Wenn Personal seronegativ → Tragen einer Atemschutzmaske, mind. FFP2.

BEI AUSBRÜCHEN IN EINER GEMEINSCHAFTSEINRICHTUNG

- **Labordiagnostische** Sicherung mindestens beim Ausgangsfall (ggf. an „Nationales Referenzzentrum für Masern, Mumps, Röteln" wenden)
- Immunitätslage der Mitarbeiter überprüfen und **Information** aller Mitarbeiter / (Eltern) über Erkrankung, Infektionsrisiko und **Schutz**möglichkeiten
- Neuaufnahme nur bei Nachweis einer Impfung oder durchgemachten Infektion, sonst **Sperrung**

Varizellen

Meldepflicht:

besteht im Normalfall **nicht**

an zuständiges Gesundheitsamt, mit Namensnennung

wenn

- ≥ 2 Fälle mit vermutetem epidemiologischen Zusammenhang und Gefahr für Immunschwache
- Ausbrüche von Varizellen im Krankenhaus

AKTIVE IMPFUNG GEGEN WINDPOCKEN:

abgeschwächter **Lebendimpfstoff** (einzeln oder in Kombination mit anderen Lebendimpfstoffen), Applikation s.c. / i.m. Seit 2004 von der STIKO empfohlen für:

- **Kinder** ab 12. Monat, seronegative **Jugendliche** 9 - 17Jahre, **Frauen** mit Kinderwunsch
- **medizinisches Personal**
- gesunde **Kontaktpersonen** gefährdeter Personen (Cave: Impfviren evtl. infektiös!)
- **Patienten** mit schwerer Neurodermitis; mit mindestens einjähriger Remission nach Leukämie; vor oder während leichter immunsuppressiver Therapie; vor Transplantation

1. Grundimmunisierung: ab 12. – 14. Monat

⇳ Mindestabstand 4 bis 6 Wochen (bzw. 6 Monate, wenn nach dem 12. Lebensjahr)

2. Grundimmunisierung ab 16. – 24. Monat (möglichst vor Ende des 2. Lebensjahres)

AKTIVE IMPFUNG GEGEN GÜRTELROSE:

Lebendimpfstoff, höher dosiert als bei Windpocken. Einführung 2009. Keine offizielle Empfehlung.

Einmalige Impfung ab 51. Lebensjahr (s.c.)

Kontraindikation bei aktiver Impfung:

- ⃠ (schwere) **Allergie** gegen Neomycin, Hühnereiweiß oder andere Impfstoffbestandteile
- ⃠ akute (schwere) **Erkrankung**, Fieber, Rekonvaleszenz, Inkubation, chron. Infektion
- ⃠ intensive immunsuppressive Therapie / **Immunschwäche**
- ⃠ in nächsten 3 Monaten geplante / bestehende **Schwangerschaft**; Stillen?

MASSNAHMEN FÜR PATIENTEN UND KONTAKTPERSONEN

- In Gemeinschaftseinrichtung Betreute bei Erkrankung → Besuchsverbot bzw. **Aufenthaltsverbot** in Gemeinschaftsräumen; gilt i.d.R. für 1 Woche
- In Gemeinschafteinrichtung Beschäftigte bei Erkrankung → kein Kontakt / **Betreuungsverbot**, solange Infektiosität laut Arzt
- Im privaten Umfeld Erkrankte → **kein Kontakt** zu Immunschwachen
- Ggf. **postexpositionelle Prophylaxe** (PEP) mittels Immunisierung:
  - aktive Inkubationsimpfung → für gesunde Kontaktpersonen innerhalb von 5 Tagen. In erster Zeit Kontakt zu Gefährdeten strikt meiden!
  - passive Immunglobulingabe → für Immungeschwächte / Schwangere / Neugeborene erkrankter Mütter innerhalb von 4 Tagen

IN STATIONÄREN EINRICHTUNGEN DES GESUNDHEITSWESENS

- Windpocken → **Standardhygiene** + räumliche Kohorten-**Isolierung** (möglichst mit Schleuse / spezieller Raumlufttechnik, sonst häufig lüften). Besucherzugang und Patiententransport minimieren. Patienten tragen beim Einzeltransport einen Mund-Nasen-Schutz.
- Herpes zoster → **Standardhygiene** + **Wundabdeckung** (Isolierung nur, wenn möglicher Kontakt zu Immunschwachen)
- in Risikobereichen des Gesundheitswesens (z. B. Intensivmedizin). Beschäftige sollten möglichst **seropositiv** sein. Wenn seronegativ → ggf. Tragen der Atemschutzmaske FFP2.

Influenza

(saisonal)

<u>Meldepflicht:</u>

an zuständiges Gesundheitsamt, mit Namensnennung

- durch Labor: jeder direkte Erregernachweis (auch bei Schnelltest)
- durch Arzt, **wenn**
  - Verdacht auf *Vogel*grippe
  - schwere Epidemie (dann im Verdachts-, Erkrankungs- oder Todesfall)

AKTIVE IMPFUNG:

Totimpfstoff, jährlich angepasst. Applikation s.c. / i.m.. Von der STIKO empfohlen für:

- alle Menschen **über 60** Jahre, auch vor geplanter Reise
- **Personal** im Gesundheitsdienst und/oder mit hohem Publikumsverkehr
- **Kontaktpersonen** gefährdeter Personen (und Menschen mit direktem Kontakt zu Geflügel / Wildvögeln)
- **Patienten** jeden Alters mit Atemwegs-, Herz-Kreislauf-, Leber-, Nierenerkrankung, Diabetes mellitus, Malignome, Immunschwäche u.a.m. Auch vor Reisen.

<u>**Jährlich einmalige Immunsierung**</u>, allerfrühestens ab 7. Lebensmonat
möglichst vier Wochen vor Beginn der Grippe-Saison (d. h. hierzulande ab September / Oktober)

Kontraindikation bei aktiver Impfung:

- ⃠ (schwere) **Allergie** auf Hühnereiweiß, Neomycin oder andere Impfbestandteile
- ⃠ **akute**, (hoch) **fieberhafte Erkrankung**

MASSNAHMEN BEI PATIENTEN, KONTAKTPERSONEN UND IN DER ALLGEMEINBEVÖLKERUNG

- Hygienische Allgemeinmaßnahmen:
  - zu Hause auskurieren, regelmäßig **lüften**, intensiviertes Händewaschen. V. a. bei Essen / Schlafen möglichst räumliche Distanz zu Angehörigen.
  - sichere, räumliche **Distanz** zu Gefährdeten (= Säuglinge, Immunschwache, chronisch Kranke, alte Menschen)
  - **Hände waschen** unter fließend Wasser, mit Seife (v. a. beim Nachhausekommen, vor Essenzubereitung, nach Toilettengang)
  - Bedecken von Mund + Nase beim Husten + Niesen mit **Ellenbeuge**; Sekretaufnahme in Einwegtuch, hygienische Entsorgung
  - bei Epidemie: **Vermeiden von Händereichen** im öffentlichen Leben; bei größerer Epidemie evtl. Maßnahmen wie Absagen von Großveranstaltungen, Kindergartenschließung etc.
- Ggf. **postexpositionelle Prophylaxe** (PEP) mittels Neuraminidasehemmern
  - → für ungeimpfte Gefährdete
  - → ggf. auch für Geimpfte mit unklarem Impferfolg (z. B Immungeschwächte, alte Menschen)

IN STATIONÄREN EINRICHTUNGEN DES GESUNDHEITSWESENS

- **Standardhygiene** (immer inklusive Schutzkleidung) **+**
  - ggf. **Atemschutzmaske FFP3** und Schutzbrille bei starker Exposition
  - Kohorten-**Isolierung** (inkl. Nasszelle, möglichst mit Schleuse / spezieller Raumlufttechnik, sonst häufig lüften). Isolierung für mindestens 5 Tage. Besucherzugang und Patiententransport minimieren. Patienten tragen beim Einzeltransport einen Mund-Nasen-Schutz.
  - Pflege möglichst durch geschultes und **geimpftes Personal**. Erkranktes Personal möglichst von Arbeit freistellen.
  - Vorab**information** der Zieleinrichtung bei Verlegung

BEI AUSBRÜCHEN IN STATIONÄREN EINRICHTUNGEN DES GESUNDHEITSWESENS

- Rasches Erkennen + **labordiagnostische Sicherung**. Konsequente räumliche Isolierung bereits ab Verdacht.

Rotaviren / Noroviren

Meldepflicht:

an zuständiges Gesundheitsamt, mit Namensnennung

- durch Labor: jeder (in)direkte Erregernachweis, wenn Hinweis auf akute Infektion
- durch Arzt, **wenn**
  - Patient im Lebensmittelbereich tätig
  - ≥ 2 Fälle mit vermutetem epidemiologischen Zusammenhang

AKTIVE IMPFUNG (nur bei Rotaviren):

abgeschwächter oder gentechnisch hergestellter Lebendimpfstoff. Applikation: p.o. („Schluckimpfung"). Effektiver Schutz für max. 3 Saisons. Einführung 2006. Keine offizielle Empfehlung der STIKO, individuelle Nutzen-Risiko-Abwägung nach Aufklärung.

1. Grundimmunisierung: frühestens ab 6. Woche

⇳ Mindestabstand 4 Wochen

2. Grundimmunisierung: spätestens bis 24. Woche

⇳ Mindestabstand 4 Wochen

evtl. 3. Grundimmunisierung (je nach Schema): spätestens bis 26. Woche

Kontraindikation bei Rotavirusimpfung:

- ⃠ **Allergie** auf Impfbestandteile
- ⃠ akute, fieberhafte **Erkrankung**, chron. Infektion, Rekonvaleszenz
- ⃠ (v. a.) **Immunschwäche** / immunsuppressive Therapie
- ⃠ Z.n. **Darmeinstülpung** bzw. begünstigende Fehlbildung

MASSNAHMEN BEI PATIENTEN UND KONTAKTPERSONEN (bei begründetem Verdacht sofort einzuleiten, ohne Ergebnis abzuwarten!)

- Kinder < 6 Jahre bei Verdacht / im Erkrankungsfall → Besuchsverbot einer Gemeinschaftseinrichtung bis mindestens 2 Tage nach Abklingen der Symptome
- Erwachsene im Erkrankungsfall
  - **Tätigkeitsverbot im Lebensmittelbereich**. Wiederaufnahme frühestens 2 Tage nach Abklingen der Symptome
  - möglichst **keine betreuende Tätigkeit** in Gesundheits- und Gemeinschaftseinrichtungen

IN STATIONÄREN EINRICHTUNGEN DES GESUNDHEITSWESENS

- **Standardhygiene** (immer inkl. Handschuhe und Kittel; bei Noroviren zusätzlich **Mund-Nasen-Maske**, wenn Kontakt mit Erbrochenem möglich. Händehygiene noch 4 – 6 Wochen lang besonders strikt durchführen) **+**
  - räumliche Kohorten-**Isolierung** (Zimmer mit eigenem WC!); Minimierung der Patienten- u. Bewohnerbewegung
  - strenge Indikationsstellung hinsichtlich Verlegung (wenn: Vorab-**Information**!)
  - für Neuaufnahmen gesperrte Bereiche erst 2 Tage nach letztem Krankheitsfall wieder öffnen
  - **Aufklärung** und Unterweisung von Patienten und Besuchern in korrekter Händehygiene
  - Bett- und Leibwäsche als **infektiöse Wäsche** im geschlossenen Wäschesack transportieren, ≥ 60° waschen
  - erkranktes Personal bei geringsten Symptomen **von Arbeit freistellen**, Wiederaufnahme frühestens 2 Tage nach Symptomfreiheit

BEI AUSBRÜCHEN

- Labordiagnostische Sicherung; bei größeren Ausbrüchen reicht i. d. R. ein Erregernachweis bei max. 5 Betroffenen

Salmonellen

Meldepflicht:

an zuständiges Gesundheitsamt, mit Namensnennung

- durch Labor: jeder (in)direkte Erregernachweis, wenn Hinweis auf akute Infektion
- durch Arzt, im Verdachts- / Erkrankungsfall, **wenn**
  - Patient im Lebensmittelbereich beschäftigt
  - ≥ 2 Fälle mit vermutetem epidemiologischen Zusammenhang

MASSNAHMEN ALLGEMEIN

- Schaffung / Erhaltung einer **salmonellenfreien Lebensmittelproduktion**. Strikte Hygiene bei Gewinnung, Be- u. Verarbeitung, Lagerung, Transport und Verkauf von Lebensmitteln (v.a., wenn diese tierischen Ursprungs sind)
- Hygienisch korrekte Weiterverarbeitung durch Endverbraucher:
  - **Hände waschen** mit Flüssigseife
  - Verwendung kochbarer Küchentücher, häufiger Wechsel
  - Rohe Fleischwaren, Geflügel, Seetiere, Eier, Cremes, Salate, Mayonnaisen mit Rohei und Speiseeis stets im **Kühlschrank** aufbewahren
  - Auftauwasser von Fleisch extra auffangen, sofort entsorgen, heiß nachspülen. Kontaminiertes und Hände sofort heiß abwaschen
  - Vorkochen: zügiges Abkühlen, beim Aufwärmen 70 °C überschreiten. Warme Speisen innerhalb 2 Stunden nach letzter Erhitzung verzehren, nicht längerfristig < 60 °C warm halten. Instantprodukte kurz vor Verzehr zubereiten; Instant-Säuglingsnahrung mit Wasser > 70 °C zubereiten, zügig abkühlen und innerhalb 2 Stunden verbrauchen. **Sichere Abtötung: > 70 °C, mind. 10 Minuten Garzeit!**
- In Haushalten mit Kindern < 2 Jahre keine Reptilienhaltung

IN LEBENSMITTELBETRIEBEN

- Vor Erstaufnahme einer Tätigkeit nach § 42 IfSG → Belehrung durch Gesundheitsamt bzw. Arzt über Tätigkeitsverbote und Verpflichtungen
- Konsequente **Händehygiene**!
- Bei Verdacht / Erkrankung / Dauerausscheidung → gewerblich **keine Berührung von Lebensmitteln**. Gilt sinngemäß auch für Beschäftigte in Küchen von Gaststätten und weiteren Bereichen der Gemeinschaftsverpflegung.

FÜR PATIENTEN UND KONTAKTPERSONEN

- Kinder < 6 Jahre bei Verdacht / im Erkrankungsfall → Besuchverbot einer Gemeinschaftseinrichtung. Gilt, bis keine Infektiosität mehr laut Arzt
- Erwachsene bei Verdacht / Erkrankung / Dauerausscheidung → ggf. volle oder teilweise Untersagung der Ausübung bestimmter beruflicher Tätigkeiten

IN STATIONÄREN EINRICHTUNGEN DES GESUNDHEITSWESENS

- **Standardhygiene** + mindestens **separate Toilette**, besser räumliche (Kohorten)-Isolierung

BEI AUSBRÜCHEN

- Schnellstmöglich **Infektionsquelle** / Übertragungsweg ermitteln → Info an Gesundheitsamt. Bei Verdacht auf Übertragung durch bestimmte Lebensmittel → sofort Meldung an **Lebensmittelüberwachungsbehörde.**

Hepatitis B

Meldepflicht:
an zuständiges Gesundheitsamt, mit Namensnennung
- durch Labor: jeder (in)direkte Erregernachweis, wenn Hinweis auf akute Infektion oder Infektion unbekannt
- durch Arzt, **stets** bei Verdacht, Erkrankung oder Tod an akuter Virushepatitis

AKTIVE IMPFUNG:

Totimpfstoff (einzeln oder in Kombination mit anderen Totimpfstoffen). Applikation i.m. / (teils s.c.) Einführung 1982. Seit 1995 offiziell von der STIKO empfohlen für:

- alle **Kinder** ab 9. Lebenswoche und seronegative Jugendliche (möglichst vor Pubertät!)
- **Risikopersonen**: Gesundheitsdienstleister und Personal in Fürsorgeeinrichtungen; mit infektiösem Material in Kontakt Kommende, Blut empfangende Personen; i.v.-Drogengebraucher; Leber- und Nierenkranke; Immungeschwächte; Neugeborene seropositiver Mütter, enge Kontaktpersonen von Infizierten, Promiskuitive u.a.m.

1. Grundimmunisierung: ab 9. Lebenswoche (bei Erwachsenen erst nach Vortestung auf HBV)
⇳ Mindestabstand **4 – 6 Wochen**
2. Grundimmunisierung
⇳ Mindestabstand **5 – 6 Monate**
3. Grundimmunisierung

4 – 8 Wochen nach letzer Immunisierung Antikörperbestimmung **(Nachtestung):**
- Anti-HBs > 100 IE/l → erfolgreich (90 % d. F.): **Schutz** mind. 10 Jahre
- Anti-HBs 10 - 100 IE/l → **Wiederholung** + Kontrolle
- Anti-HBs < 10 IE/l → erfolglos (1,5 - 10 % d. F.): **„Non-Responder"**

ggf. Auffrischimpfung (ca. alle 10 Jahre, abhängig von Antikörpertiter und Infektionsrisiko)

Kontraindikation bei aktiver Impfung:
- ⃠ **Allergie** auf Impfstoffbestandteile (z. B. Hefeprotein)
- ⃠ **akute Erkrankung**, Rekonvaleszenz, Inkubation, chron. Infektion
- ⃠ **Immunschwäche** / immunsuppresive Therapie

MASSNAHMEN ALLGEMEIN (vgl. auch HIV)

- **Aufklärung** der Bevölkerung, gezielte **Hilfen** bei Risikogruppen (→ steriles Spritzbesteck für i.v.-Drogensüchtige, Kondome für Promiskuitive)
- Bei möglichst allen Schwangeren **HbsAG-Screening**. Bei Blutprodukten immer **Pflichttest** auf HbsAG, sorgfältige Spenderauswahl.

FÜR PATIENTEN UND KONTAKTPERSONEN:

- Aufklärung der Infizierten über die von ihnen ausgehende Infektionsgefahr nebst Schutzmaßnahme + Beratung bezüglich **antiviraler Therapie**
- Innerhalb einer gemeinsamen Haushalts mit Infizierten möglichst **kein gemeinsames Benutzen von Nagelscheren** u.Ä.m.
- Ggf. regelmäßige Immunglobulingabe bei Risikopersonen (z. B. Dialysepflichtige, Leberkranke)
- **Postexpositionelle Prophylaxe** (PEP) mittels aktiver Inkubationsimpfung + passiver Immunglobulingabe („Simultanimpfung")
  → für Neugeborene infizierter Mütter innerhalb von 12 Stunden nach Geburt
  → nach Verletzung mit infektiösem Material innerhalb von 2 Tagen
- Infizierte in direkter Krankenversorgung → **ggf. Einschränkung des Tätigkeitsumfangs**; Infizierte in nichtmedizinischen Berufen mit invasiven Tätigkeiten → Beachten der Infektionspräventionsregeln, regelmäßige Schulung durch Fachkräfte
- Infizierte Kinder mit z. B. Blutungen oder hochaggressivem Verhalten → **ggf. Besuchsverbot** einer Gemeinschaftseinrichtung (nach Ermessen des Gesundheitsamts). Eltern / Betreuer → Aufklärung über Ansteckungrisiko und mögliche Impfung

IN STATIONÄREN EINRICHTUNGEN DES GESUNDHEITSWESENS

- Alle Beschäftigten im Gesundheitsdienst + enge Kontaktpersonen HbsAg-positiver Menschen sollten Anti-HBs > 100 IE/ l aufweisen. Bei Neufeststellung eines Trägers im Personal → ggf. Rückverfolgung; wenn Quelle nosokomial → Info an Gesundheitsamt.
- **Standardhygiene** (immer Handschuhe!)

BEI AUSBRÜCHEN

- Rasche **Ermittlung** der Ursachen / Quelle, sofortige **Intervention** des Gesundheitsamtes und Einleitung entsprechender Maßnahmen

HIV und AIDS

Meldepflicht:
direkt an das Robert-Koch-Institut in Berlin, anonym
- durch Labor: stets bei direktem Virusnachweis

MASSNAHMEN ALLGEMEIN

- **Aufklärung** der Bevölkerung. Zielgruppenspezifische Maßnahmen in besonders gefährdeten Gruppen:
  - **„Safer Sex"**: Bei Geschlechtsverkehr mit neuen oder wechselnden Sexualpartnern grundsätzlich immer Verwendung geeigneter Kondome oder anderer Barrieren. Bei länger angedachter Partnerschaft erst HIV-Status abklären.
  - **„No Needle Sharing"**: i.v.- Drogenkonsum nur mit sterilem Spritzbesteck (erleichtert durch: Wegfall von Zugangsbarrieren zu sterilen Einmalspritzen / -kanülen, Einrichtung niedrigschwelliger Spritzenaustauschprogramme, Ausweitung von Substitutionsangeboten etc.)
- Bei möglichst allen Schwangeren **HIV-Screening**, verbunden mit kompetenter Beratung (evtl. Dolmetscherdienst).
- **Pflichttest** aller Blutspenden auf Antikörper und HIV. Befragung aller Blutspender, ggf. Ausschluss von Blutspende. Bei Herstellung von Plasmaprodukten zudem Einsatz von mindestens 2 Verfahren zur HIV-Inaktivierung / Eliminierung

FÜR PATIENTEN UND KONTAKTPERSONEN

- **Aufklärung** der HIV-positiven Personen über die von ihnen ausgehende Infektionsgefahr + Schutzmaßnahmen für andere, u. a.:
  - nach Möglichkeit **Information** des behandelnden medizinischen Personals über Infektion, insbesondere vor invasiven Eingriffen, z. B. Zahnarzt (vorausgesetzt, die Mitteilung eines positiven HIV-Status führt nicht zur Stigmatisierung / Behandlungsverweigerung!)
  - bei Schwangerschaft → antiretrovirale **Therapie** + ggf. Kaiserschnitt + **antiretrovirale Prophylaxe bei Neugeborenen** + **Stillverzicht**
  - **konsequenter „Safer Sex"**, fortlaufende Motivierung / Beratung (Lösungen möglichst gemeinsam mit Partner erörtern)
- Aufklärung der Infizierten über antiretrovirale **Therapie** und Begleitaspekte. Dauerhafte **Unterstützung**. Regelmäßige **Kontrolluntersuchungen** zur Verlaufsbeurteilung und Bestimmung des geeigneten Therapiebeginns und notwendiger Sekundärprophylaxe.

IN EINRICHTUNGEN DES GESUNDHEITSWESENS:

- **postexpositionelle Prophylaxe** (PEP) mittels antiretroviraler Medikamentenkombination:
  → umgehend, max. innerhalb 72 Stunden nach Kontakt mit infektiösem Material. Einnahme über 4 Wochen. Kontrolle nach 6, 12 und 24 Wochen. Bei Übertragungsverdacht sofort Meldung bez. „Arbeitsunfälle & Berufskrankheiten".
- **bei Behandlung** von Infizierten / AIDS-Patienten → **Standardhygiene** (+ räumliche Isolierung, wenn profuse Durchfälle, Inkontinenz, unkontrollierte Blutung, andere ansteckende Erkrankungen wie Tuberkulose u.Ä.m. oder Ansteckungsgefahr für den Infizierten)

MRSA

<u>Meldepflicht:</u>

an zuständiges Gesundheitsamt, mit Namensnennung

- durch Labor: jeder direkte Erregernachweis aus Blut oder Liquor, wenn zugleich Hinweis auf akute Infektion
- durch Arzt: bei Ausbruch nosokomialer Infektionen mit vermutetem epidemiologischen Zusammenhang

(Das Auftreten von resistenten Krankheitserregern sollte innerhalb einer Organisationseinheit fortlaufend aufgezeichnet und ausgewertet werden.)

MASSNAHMEN IN KLINISCHEN EINRICHTUNGEN

- Eingehende **Aufklärung und Schulung** des Personals.
- Frühzeitiges Abklären einer Besiedlung / Infektion mit MRSA, **Screening** insbesondere bei Patienten mit Risikofaktoren
- Versuch der **Sanierung** (z. B. mit Mupirocin-Nasensalbe, Rachendesinfizienz, antiseptischer Körperwaschung inkl. Haare) bei Patienten und MRSA-tragendem Personal. Erfolgreich, wenn 4., 5. und 6. Tag nach Behandlungsende jeder Abstrich negativ ist.
- **Standardhygiene +**
  - räumliche Kohorten-Isolierung aller Besiedelten / Infizierten (keine Kohorte bei unterschiedlichen Sanierungsstadien!). Aufhebbar, wenn Sanierung erfolgreich.
  - Besucherzugang und Patiententransport minimieren. Unterweisung von Patienten und Besuchern in hygienischer Händedesinfektion
  - fachgerechte Abdeckung aller besiedelten Körperareale, z. B. Wunden (diabetische Ulcera meist nicht erfolgreich sanierbar)
  - getrenntes Sammeln von Abfall und Wäsche, desinfizierendes Waschverfahren
  - möglichst keine Patientenversorgung durch MRSA-tragendes Personal bis zur erfolgreichen Sanierung; wenn: immer Mund-Nasen-Schutz!
- **Kontrollierter Umgang mit Antibiotika**; korrekte Durchführung einer antibiotischen Behandlung
- **Vorabinformation** einer Nachfolgeeinrichtung bei Verlegung eines Besiedelten / Infizierten und Dokumentation in Unterlagen (bzw. Vorabinformation der weiterbehandelnden Ärzte bei Entlassung eines Besiedelten und ggf. Beratung)
- Bei Entlassung besiedelter Patienten **Aufklärung** über die von ihnen ausgehende Infektionsgefahr für *bestimmte Risikogruppen* (d. h. für Personen mit offenen Wunden, Diabetiker, Dialysepflichtige, Immunschwache, Früh- und Neugeborene u.Ä.m.) mit Hinweis auf **Schutzmaßnahmen** (z. B. räumliche Distanz + Händewaschen). Kein erhöhtes Infektionsrisiko für gesunde Kontaktpersonen.

IN ALTEN- UND PFLEGEHEIMEN

- Aufklärung und **Schulung des Personals**, Information bei Verlegung
- **Standardhygiene** (+ Isolierung etc., je nach Infektionsrisiko. Erhöhte Ansteckungsgefahr geht z. B. von Menschen mit offenen Hautläsionen, produktivem Husten oder Tracheostoma aus!)
- **Teilnahme** eines Besiedelten **am Gemeinschaftsleben** möglich, wenn **Schutz empfänglicher Bewohner** sichergestellt

IM AMBULANTEN PFLEGEBEREICH

- **Standardhygiene** (möglichst inkl. Mundschutz)
- ***Immer* Sanierung von cMRSA – Trägern!** Ggf. unterstützt durch Antibiotikatherapie. Allen Familienmitgliedern empfohlen.
- MRSA-tragende Schwangere → wenn Genitalbereich besiedelt, diesen vor Entbindung sanieren. Sorgfältige Händedesinfektion durch die Schwangere. Bei Brustbesiedlung Stillen nur nach Ermessen des Kinderarztes.

BEI AUSBRÜCHEN

Gehäufter MRSA-Nachweis bei Patienten in räumlichem + zeitlichem Zusammenhang → Geno**typisierung** + **Screening** bei allen betroffenen **Patienten** und medizinischem Personal mit Kontakt zu MRSA-Patienten (**Personal** besiedelt → Angehörige mituntersuchen)

Mögliche Nebenwirkungen von Impfungen		Häufigkeit
1. **Lokale Reaktion um Einstich** (innerhalb der nachfolgenden Tage) Rötung, Schmerz, Schwellung (1 – 3 Tage, gelegentlich länger anhaltend), ggf. auch Verhärtung, Juckreiz, Hautblutung		Prozentbereich
2. **Allgemeinreaktionen** (innerhalb der nachfolgenden Wochen) a. mäßiges Fieber (< 39,5°C rektal), Kopf- u. Gliederschmerz, Mattigkeit, Unwohlsein, Unruhe, Übelkeit, Schwellung regionärer Lymphknoten b. Impfkrankheit bei Lebendvirusimpfstoffen: z.B. Impfmasern (Fieber, flüchtiges Exanthem, Atemwegsentzündung), Parotisschwellung, vorübergehende Gelenkschmerzen u.Ä.m.		Prozentbereich
3. **Das übliche Maß überschreitende Impfreaktionen** (wenn: Meldepflicht!)		
• Allergisch bedingter Asthma-Anfall		1:10.000
• Anaphylaktischer Schock		1:100.000
• Apnoe	bei Frühgeborenen mit unreifem Atemzentrum	Prozentbereich
• Arthralgie / Arthritis		Prozentbereich
• Darmeinstülpung	bei Rotaviren, wenn Impfung nach 24. Lebenswoche	k.A.[1]
• Enzephalitis	evtl. nach Masernimpfung	1.000.000
• Fieberkrampf	bis zum 5. Lebensjahr	Promillebereich
• Guillain-Barré-Syndrom	bei Influenzaimpfung	1:100.000
• Hypotone, hyporesponsive Episode	nach Kinderimpfstoffen	Promillebereich
• Krampfanfälle		k.A.
• Multiple Sklerose	fraglich nach Hepatitis-B-Impfung	k.A.
• Thrombozytopenie	nach Masern-, Mumps-, Röteln- o. Varizellenimpfung	< 1:10.000
• Urtikaria		1:10.000
• Vaskulitis		1:10.000

Anmerkung:

Die von der ständigen Impfkommission (STIKO) herausgegebenen Richtlinien dienen den Bundesländern als Vorgabe für öffentliche Impfempfehlungen. Diese Empfehlungen werden in Deutschland überwiegend positiv aufgenommen, teils aber auch kritisch diskutiert. Das Thema ist komplex: So bestehen unterschiedliche Anschauungen zu Gesundheit und Krankheit („kann eine Infektion gegenüber einer Impfung auch vorteilhaft sein?"), zudem hat man immer mit Wahrscheinlichkeiten zu tun („wie wäre es ohne, wie wäre es mit Impfung weitergegangen?"), darüber hinaus handelt es sich um einen invasiven Vorgang, der überhaupt erst Schaden anrichten kann („was enthalten die Impfstoffe? Werden sie fachgerecht appliziert?"), und, nicht zuletzt, kommen auch wirtschaftliche Interessen mit ins Spiel („wer alles profitiert von Impfungen?").

Eine hohe Durchimpfungsrate hat den Schutz der Gemeinschaft zum Ziel, insbesondere den **Schutz von Gefährdeten**, die nicht selbst geimpft werden können; andere Impfungen dienen unmittelbar dem **eigenen Schutz**. Die Gesamtsituation ändert sich in Abhängigkeit von der Durchimpfungsrate. Da Impfungen trotz allgemein guter Verträglichkeit dem Einzelnen selten auch schaden können, konkurrieren mitunter Gemeinwohl und individuelles Wohl.

Je nach Übertragungsweise und Gefährlichkeit eines Erregers besteht ein **mehr oder weniger großer Spielraum** in der Umsetzung offizieller Empfehlungen (z. B. hierzulande Verschiebung einer möglichen Hepatitis-B-Impfung vom Säuglingsalter in das Alter eines mitentscheidenden Jugendlichen). Andere Vorgaben sind aus medizinischer Sicht nicht weiter zu diskutieren (z. B. HBV-Simultanimpfung bei Neugeborenen infizierter Mütter).

Jede Infektion möge mit Respekt betrachtet, der Auseinandersetzung Zeit gegeben und die Infizierten angemessen behandelt werden. **Respekt** darf ebenso vor jeder Impfung bestehen, denn sie ist ein machtvolles Instrument.

[1] keine Angabe

Quiz-Mix

Markieren Sie die richtige Antwort.

1. Die **Inkubationszeit** …

A: ist die Zeit, die ein Frühgeborenes im Brutkasten verbracht hat	B: kann wenige Stunden lang sein
C: beschreibt die Zeit von Erkrankungsbeginn bis zur Genesung	D: meint die Ortszeit in Havanna

2. Wer an **Gürtelrose** erkrankt, hat sich zu einem früheren Zeitpunkt infiziert mit …

A: Windpocken-Viren	B: Masern-Viren
C: Mumps-Viren	D: Rötel-Viren

3. Einen **Hautausschlag** bezeichnet man als ...

A: Exanthem	B: Enanthem
C: Erythem	D: Exazerbation

4. Das **zeitlich gehäufte, länderübergreifende Auftreten** einer Erkrankung bezeichnet man als …

A: Endemie	B: Epidemie
C: Pandemie	D: Panzootie

5. Der Fachbegriff für die **Umweltresistenz** eines Bakteriums lautet ...

A: Tenazität	B: Teenagerzeit
C: Terraforming	D: Taekwondo

6. Der Ausdruck **„restitutio ad integrum"** bezeichnet …

A: die vollständige Ausheilung	B: die Defektheilung
C: das chronische Leiden	D: den Tod

7. Das **Maß der Übertragungsfähigkeit** eines Erregers wird fachsprachlich bezeichnet als …

A: Kontaktiosität	B: Kontagiosität
C: Infektiosität	D: Pathogenität

8. Ist ein Symptom **„pathognomonisch"**, ist es …

A: einzigartig vorkommend bei einer bestimmten Erkrankung	B: das Leitsymptom der Erkrankung
C: ein unspezifisches Zeichen vieler Erkrankungen	D: das erste Anzeichen einer Erkrankung

9. Von den genannten „Kinderkrankheiten" besitzen die **höchste Infektiosität** ...

A: Masern	B: Mumps
C: Röteln	D: Varizellen

10. Weist ein Mensch **keine Antikörper gegen einen bestimmten Erreger** auf, ist er diesbezüglich …

A: plasmapositiv	B: plasmanegativ
C: seropositiv	D: seronegativ

11. Die Zeit der Genesung, wörtlich das **„Wieder-zu-Kräften-Kommen"** ist …

A: die Remission	B: die Rekonvaleszenz
C: das Reassortment	D: die Restitutio ad integrum

12. Menschen mit **geschwächtem Abwehrsystem** sind …

A: immunisiert	B: immunsupprimiert
C: immunreaktiv	D: immunkompetent

13. Einen **„inneren Ausschlag"** auf der Schleimhaut bezeichnet man als …

A: Exanthem	B: Enanthem
C: Erythem	D: Exazerbation

14. Vom sogenannten **„Nestschutz"** profitieren …

A: Neugeborene	B: Nesthäkchen
C: Nesthocker	D: Nestflüchter

15. **Fieberkrämpfe** treten am *wahrscheinlichsten* auf, wenn …

A: das Fieber langsam über Tage ansteigt	B: das Fieber plötzlich und rasant ansteigt
C: das Fieber langsam abfällt	D: das Fieber rasch abfällt

16. Der Ausdruck **„Exitus"** bezeichnet …

A: die vollständige Ausheilung	B: die Defektheilung
C: das chronische Leiden	D: den Tod

17. **i.v.-Drogengebraucher** haben durch „Needle Sharing" *kein* erhöhtes Risiko für eine …

A: Hepatits-B-Infektion	B: Staphylokokkus aureus-Infektion
C: Rotavirus-Infektion	D: HIV-Infektion

18. Die **Infektion** mit Masern- oder Grippeviren unter **Beteiligung des Kehlkopfs** kann auslösen …

A: einen Pseudokrupp-Anfall	B: einen epileptischen Anfall
C: einen Asthma-Anfall	D: einen Angina-Pectoris-Anfall

19. Zu den **sexuell übertragbaren Erkrankungen** zählt *nicht* die …

A: HIV-Krankheit	B: Hepatitis B
C: Syphilis	D: Hepatitis A

20. Die **gleichzeitige aktive und passive Impfung** nennt man …

A: Bivaccinalimpfung	B: Simultanimpfung
C: Simulantenimpfung	D: Duettimpfung

21. Wie viele **Erkrankte an ihrer Erkrankung versterben**, wird ausgedrückt durch …

A: die Letalität	B: die Mortalität
C: die Morbidität	D: den Manifestationsindex

22. Der **Fachausdruck für Durchfall** lautet …

A: Logorrhoe	B: Diarrhö
C: Diabetes	D: Emesis

23. Ein – vielleicht nur flüchtiger – **Hautausschlag** ist *nicht* zu erwarten bei …

A: der akuten HIV-Krankheit	B: den Noroviren
C: den Impfmasern	D: den Varizellen

24. Einen **Test zur Bestimmung der Sensibilität / Resistenz von Bakterien** gegenüber bestimmten Antibiotika nennt man …

A: Anagramm	B: Attogramm
C: Antibiogramm	D: Autobiografie

25. Die Bakterien, die **am häufigsten per Superinfektion** nach einer Influenza eine eitrige Pneumonie herbeiführen, sind …

A: Staphylococcus aureus + Streptococcus pneumoniae	B: Haemophilus influenzae + Streptococcus viridans
C: Staphylococcus epidermidis + Streptococcus pyogenes	D: Streptococcus mutans + Salmonella enteritidis

26. Der Name **„Exanthem"** leitet sich aus dem Griechischen ab und bedeutet …

A: „Ich reiße auf"	B: „Ich blühe auf"
C: „Ich stehe auf"	D: „Ich sitze auf"

27. Die **verstärkte Antwort** des Immunsystems bei **erneutem Kontakt** mit einem Antigen (im Sinne einer Auffrischung bzw. eines Trainings) nennt man ...

A: Bonbon-Effekt	B: Booster-Effekt
C: Bonus-Effekt	D: Bolus-Effekt

Kreuzworträtsel

1. Deutscher Name für ‚Ikterus': die ...
2. Werden gern über rohes Ei oder rohes Fleisch übertragen, v. a. im Spätsommer: die ...
3. Die fäkal-orale Übertragung ist eine Form der ...infektion
4. Lehre von der Verhütung von Infektionskrankheiten (bzw. von der ‚Sauberkeit')
5. Fachwort für ‚Leberverhärtung': die Leber...
6. Die aktive Immunisierung, z. B. mithilfe abgeschwächter Lebendviren, ist gleichbedeutend mit der Schutz...
7. Fachausdruck für die Austrocknung des Körpers durch Dehydratation: die ...
8. Die Gürtelrose im Ohrbereich heißt Zoster ...
9. Werden abgeschwächte, abgetötete oder fragmentierte Krankheitserreger / Toxine in den Körper eingebracht, um die spezifische Antikörperbildung anzuregen, spricht man von einer ... Immunisierung
10. Die rasche, kontinentübergreifende Verbreitung einer Infektionskrankheit bezeichnet man als ...
11. Wenn eine Infektion unverzüglich dem Gesundheitsamt mitgeteilt werden muss, besteht bei dieser Infektion eine ...
12. Die Zeitspanne zwischen der Ansteckung mit Erregern und dem Auftreten erster Krankheitssymptome nennt sich ...
13. Der Vorgang der Ansteckung (d. h. das Anhaften, Eindringen und Vermehren eines Erregers im Körper) heißt ...
14. Eine bei Erregern beliebte ‚Handkontaktfläche' ist die Tür...
15. Die Verunreinigung von Räumen / Wasser / Lebensmitteln / Gegenständen / Personen z. B. durch Krankheitserreger nennt sich ...
16. Fachwort für ‚Leberentzündung': die ...
17. Wichtigste symptomatische Therapie bei Brechdurchfall: Die ...
18. Erreger wie Masern oder Varizellen werden leicht übertragen, da sie im höchstem Maße ... sind
19. Bei der Primärinfektion mit Varizella-Zoster-Viren kommt es zum Krankheitsbild ...
20. Fachausdruck für ‚Durchfall': Die ...
21. Kleinere, zufällige Veränderungen in der Hüllstruktur von Grippeviren bezeichnet man als Antigen...
22. Ist ein Organismus unempfindlich gegenüber Krankheitserregern, weil er diese - dank Antikörpern - umgehend eliminieren kann, spricht man von ...
23. Eine gefürchtete, teils tödlich verlaufende Komplikation der Maserninfektion ist die Masern...
24. Ergreifen Erreger die günstige Gelegenheit einer Abwehrlücke, spricht man von einer ... Infektion
25. Abkürzung für ‚Postexpositionsprophylaxe': ...
26. Ein von Krankheitserregern hergestellter Giftstoff heißt ...
27. Wird Impfserum verabreicht, welches bereits ‚fertige' Antikörper gegen spezifische Krankheitserreger / Toxine enthält, spricht man von einer ... Immunisierung
28. Größere, sprunghafte Veränderungen von Grippeviren bezeichnet man als Antigen...
29. Gehört bei ‚Safer Sex' einfach dazu: das ...
30. Varizellaviren gehören zur Gruppe der ... - Viren
31. Abkürzung für ‚Humanes Immundefizienz-Virus'
32. Wenn nach einer Infektion mit Hepatitis-B-Viren das HBs-Ag nicht mehr, dafür aber anti-HBs nachweisbar ist, spricht man von der Sero...
33. Die Inaktivierung aller vermehrungsfähigen Keime einschließlich der Bakteriensporen heißt ...
34. HIV gehört zur Familie der ...viren
35. Bei der Sekundärinfektion (Reaktivierung) mit Varizella-Zoster-Viren kommt es zum Krankheitsbild namens ...
36. Das Fachwort für die ‚oberflächliche, spinnenartige Gefäßneubildung' z. B. bei Lebererkrankungen lautet ‚... naevi'

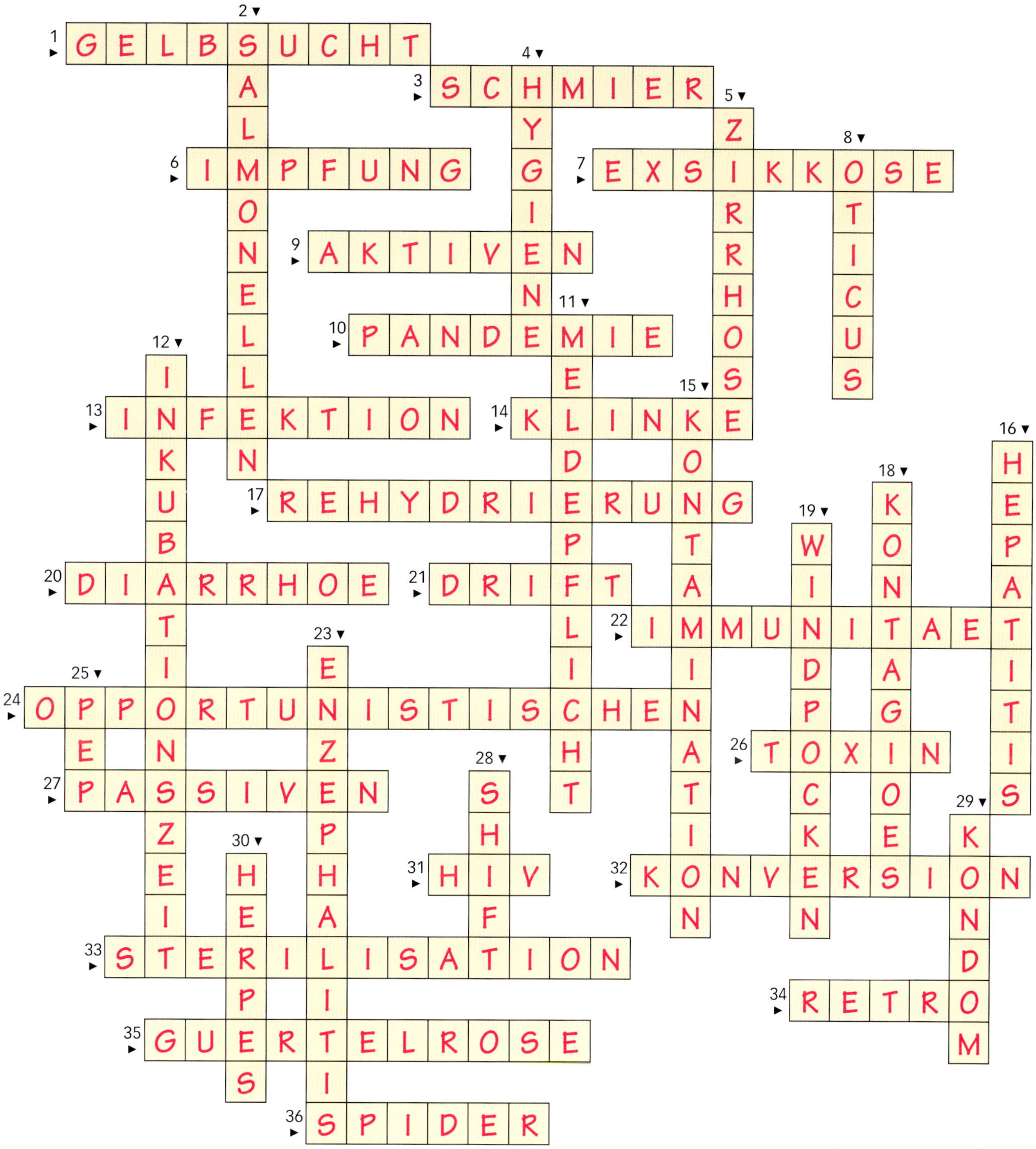
1 GELBSUCHT
2 SALMONELLEN
3 SCHMIER
4 HYGIENE
5 ZIRRHOSE
6 IMPFUNG
7 EXSIKKOSE
8 OTICUS
9 AKTIVEN
10 PANDEMIE
11 MELDEPFLICHT
12 INKUBATIONSZEIT
13 INFEKTION
14 KLINKE
15 KONTAMINATION
16 HEPATITIS
17 REHYDRIERUNG
18 KONTAGIOES
19 WINDPOCKEN
20 DIARRHOE
21 DRIFT
22 IMMUNITAET
23 ENZEPHALITIS
24 OPPORTUNISTISCHEN
25 PEP
26 TOXIN
27 PASSIVEN
28 SHIFT
29 KONDOM
30 HERPES
31 HIV
32 KONVERSION
33 STERILISATION
34 RETRO
35 GUERTELROSE
36 SPIDER

Ä = AE, Ö = OE, Ü = UE

Textquellen / weiterführende Informationen

Monografien:

- ***„Klinische Infektiologie"*** / R. Marre, Th. Mertens, M. Trautmann, W. Zimmerli (Hrsg.) / Urban & Fischer / 2. Auflage 2008
- ***„Innere Medizin"*** - Eine vorlesungsorientierte Darstellung 2008 / Gerd Herold und Mitarbeiter / [Selbstverlag des Autors] / jährlich überarbeitete und aktualisierte Neuausgabe
- ***„Gesundheit für Kinder"*** / H. Renz-Polster, N. Menche, A. Schäffler / Kösel-Verlag / 1. Auflage 2004
- ***„Impfen Pro & Contra"*** / M. Hirte / Knaur / überarbeitete und aktualisierte Neuausgabe 2008

Fachzeitschriften:

- ***Deutsches Ärzteblatt*** / www.aerzteblatt.de
- ***arznei-telegramm®*** Fakten und Vergleiche für die rationale Therapie / A.T.I. Arzneimittelinformation / www.arznei-telegramm.de

Internet / Download:

- ***Robert-Koch-Institut (RKI)*** / www.rki.de
- ***Niedersächsisches Landesgesundheitsamt*** / www.nlga.niedersachsen.de

Verzeichnisse & Lexika:

- ***„Rote Liste®"*** - Arzneimittelinformationen für Deutschland / Rote Liste® Service GmbH Frankfurt/ Main, Ausgabe 2009
- ***„Pschyrembel Klinisches Wörterbuch"*** / de Gruyter / 261. Auflage 2007

Bildquellen

ÄRZTE ZEITUNG Verlagsgesellschaft mbH, Neu-Isenburg: S. 38
b p k Bildagentur für Kunst, Kultur und Geschichte, Berlin: S. 19; 60
DermIS Dermatology Informations System, Eine Kooperation der Abteilung für Klinische Sozialmedizin (Universität Heidelberg) und der Hautklinik Erlangen (Universität Erlangen-Nürnberg): S. 13/2
Deutsches Grünes Kreuz, Marburg, Dr. K. A. Nassauer, Berlin: S. 5/1,2; 10; 20/2; 26; 28/2; 29/2; 58/2
DocCheck Medical Services GmbH 2010: S. 3/2,3; 9/2; 11/1; 20/1; 25/1
dpa Picture-Alliance GmbH, Frankfurt: S. 24; 45; 46; 48
Fotolia Deutschland, Berlin, © www.fotolia.de, ©Kurt Tutschek: S. 55
kes-online Dieter Strothmann DGPh, München: S. 37/1
Ralf König: S. 50
Dithard von Rabenau, Klettgau: S. 76
Robert Koch-Institut, Berlin: S. 9/1
Schweizer Fernsehen, Zürich: S. 3/1
Tuepflis Global Village Library: S. 39/2
Universitätsklinikum Heidelberg;: S. 39/1
Urban u. Fischer 2003-Roche Lexikon Medizin 5. Aufl.: S. 37/5 (Palmarerythem)
VCU Libraries, Richmond, VA., USA: S. 37/4
Dr.Veronika Wanschura, Hannover: S. 18/32/36
Wikimedia Deutschland - Gesellschaft zur Förderung Freien Wissens e.V.: S. 25/2; 28/1; 49; 58/1
Wikipedia: S. 56/1; 58/1
de.academic.ru: S. 13/1; 37/6 (dupuytrensche kontraktur)

ISBN 978-3-582-46556-6
Schülerausgabe – 1. Auflage 2010

ISBN 978-3-582-46557-3
Lehrerausgabe mit Lösungen – I/1. Auflage 2010

Verlag Dr. Felix Büchner – Verlag Handwerk und Technik GmbH,
Lademannbogen 135, 22339 Hamburg; Postfach 63 05 00, 22331 Hamburg – 2010
E-Mail: info@handwerk-technik.de – Internet: www.handwerk-technik.de

Layout, Diagramme und Satz: alias of artificial and advertising GmbH, 12526 Berlin
Druck und Weiterverarbeitung: Konrad Triltsch, Print und digitale Medien GmbH, 97199 Ochsenfurt-Hohestadt

Dr. med. Veronika Wanschura, Hannover. E-Mail: wanschura@medidakta.de, Internet: www.medidakta.de